Meditazione di guarigione dei chakra per principianti

Come bilanciare i chakra e irradiare energia positiva

Alberto Pinguelli

Copyright Tutti i diritti riservati.

Questo eBook è fornito al solo scopo di fornire informazioni rilevanti su un argomento specifico per il quale è stato fatto ogni ragionevole sforzo per assicurare che sia accurato e ragionevole. Tuttavia, acquistando questo eBook si acconsente al fatto che l'autore, così come l'editore, non sono in alcun modo esperti degli argomenti contenuti nel presente documento, indipendentemente da qualsiasi affermazione in quanto tale che può essere fatta all'interno. Come tale, qualsiasi suggerimento o raccomandazione che viene fatto all'interno è fatto così puramente per il valore di intrattenimento. Si raccomanda di consultare sempre un professionista prima di intraprendere qualsiasi consiglio o tecnica discussa all'interno.

Questa è una dichiarazione legalmente vincolante che è considerata valida e giusta sia dal Comitato dell'Associazione degli Editori che dall'American Bar Association e dovrebbe essere considerata come legalmente vincolante negli Stati Uniti.

La riproduzione, la trasmissione e la duplicazione di qualsiasi contenuto trovato qui, compresa qualsiasi informazione specifica o estesa sarà fatta come un atto illegale indipendentemente dalla forma finale dell'informazione. Questo include le versioni copiate dell'opera sia fisiche che digitali e audio, a meno che il consenso esplicito dell'editore sia fornito in anticipo. Qualsiasi diritto aggiuntivo è riservato.

Inoltre, le informazioni che si possono trovare all'interno delle pagine descritte qui di seguito devono essere considerate sia accurate che veritiere quando si tratta di raccontare i fatti. Come tale, qualsiasi uso, corretto o scorretto, delle informazioni fornite renderà l'editore libero da responsabilità per quanto riguarda le azioni intraprese al di fuori della sua diretta competenza. Indipendentemente da ciò, non ci sono scenari in cui l'autore originale o l'editore possono essere ritenuti responsabili in qualsiasi modo per eventuali danni o difficoltà che possono derivare da una qualsiasi delle informazioni discusse nel presente documento.

Inoltre, le informazioni contenute nelle pagine seguenti sono intese solo a scopo informativo e devono quindi essere considerate come universali. Come si addice alla sua natura, sono presentate senza garanzia della loro validità prolungata o della loro qualità provvisoria. I marchi di fabbrica che sono menzionati sono fatti senza consenso scritto e non possono in alcun modo essere considerati un'approvazione da parte del titolare del marchio.

Tabella dei contenuti

Introduzione

Capitolo 1: Cosa sono i Chakra?

Capitolo 2: Storia del concetto di Chakra

    Introduzione dei Chakra nel mondo occidentale

    Riferimento storico di Chakra

    Propagazione dell'idea della meditazione Chakra

Capitolo 3: Perché hai bisogno di sapere dei chakra?

Capitolo 4: La scienza dietro i chakra

Capitolo 5: L'importanza del bilanciamento dei chakra

Capitolo 6: I 7 Chakra e le loro proprietà

    Il chakra della radice - Mooladhara

    Il chakra sacrale

    Il chakra del plesso solare

    Il chakra del cuore

    Il chakra della gola

    Il chakra del terzo occhio

    Il chakra della corona

Capitolo 7: Le ragioni del blocco o dello squilibrio dei chakra e i modi in cui influisce sulla tua vita

Capitolo 8: Significato del bilanciamento e del risveglio dei chakra

Capitolo 9: Metodi di guarigione e bilanciamento dei chakra

1. Meditazione
2. Yoga
3. Guarigione dei cristalli
4. Oli essenziali
5. Modifiche allo stile di vita
6. Reiki

Capitolo 10: Guarigione e bilanciamento dei chakra

Guarigione del chakra della radice

Meditazione di guarigione del chakra della radice

Guarigione del chakra sacrale

Meditazione di guarigione del chakra sacrale

Guarigione del chakra del plesso solare

Meditazione di guarigione del chakra del plesso solare

Guarigione del chakra del cuore

Meditazione di guarigione del chakra del cuore

Guarigione Chakra Thorat

Meditazione di guarigione del chakra della gola

Guarigione del chakra del terzo occhio

Guarigione del chakra della corona

Conclusione

Introduzione

Congratulazioni per aver acquistato questo libro e grazie per averlo fatto. Questo libro vi aiuterà a sviluppare una chiara comprensione del concetto e dell'importanza dei chakra, le ragioni del loro blocco e i modi per guarirli.

Il concetto di chakra ha iniziato ad attirare l'attenzione delle persone in questi giorni, poiché la maggior parte delle persone sente che può aiutarle ad affrontare la maggior parte dei loro problemi nella vita.

Il concetto di chakra è molto profondo e ampio. In oriente, questo concetto è stato sviluppato più di 4000 anni fa, e da allora viene seguito in varie forme. Se guardate attentamente, la conoscenza dei chakra può aiutarvi a risolvere molti misteri della vostra vita personale. La cosa migliore dei chakra è che non si limita a parlare dei problemi, ma vi aiuta anche a trovare le soluzioni.

Ci sono diversi miti e idee sbagliate che galleggiano intorno al concetto di chakra. C'è una mancanza di chiarezza e la maggior parte delle persone lo considera ancora una forma di magia. Ci sono persone che mantengono una certa distanza dalla conoscenza dei chakra perché credono che riguardi una religione specifica.

Questo libro vi aiuterà a chiarire tutte queste confusioni.

Questo libro non è solo un'introduzione al concetto di chakra, ma spiegherebbe anche in dettaglio i modi in cui si può beneficiare di questa conoscenza.

Tutti noi abbiamo questi chakra attivi naturalmente nel nostro corpo. Tuttavia, lo stile di vita moderno, lo stress, l'ansia, le emozioni represse, il dolore cronico e la sofferenza generale della vita possono bloccare i chakra, e il flusso di energia regolare nel corpo può essere colpito. Questo può causare innumerevoli problemi, e dopo aver letto il libro, sarete anche in grado di valutare il numero di problemi che avete affrontato a causa del blocco dei chakra. La nostra ignoranza ci fa continuare sulla stessa strada senza alcuna tregua.

Il blocco dei chakra può essere corretto e i chakra possono essere guariti. Questo significa che la maggior parte dei problemi causati dai chakra non devono essere una parte permanente della nostra vita. Possono essere rimossi in modo permanente.

Questo libro vi aiuterà a capire i modi in cui potete farlo accadere.

La maggior parte delle persone crede che possa essere un compito molto difficile e che possa richiedere una grande competenza o abilità. Questo libro spiegherà i semplici modi in cui i problemi dei chakra possono essere corretti.

Vi assicuro che troverete le soluzioni facili ed efficaci.

Spero che troverete questo libro utile e che sarete in grado di aggiungere valore attraverso la conoscenza in questo libro.

Ci sono molti libri su questo argomento sul mercato, grazie ancora per aver scelto questo! È stato fatto ogni sforzo per garantire che sia pieno di informazioni il più possibile utili; godetevelo!

Capitolo 1: Cosa sono i Chakra?

Negli ultimi decenni, il concetto di 'Chakra' ha ottenuto un discreto riconoscimento nel mondo occidentale. È visto con grande interesse come un concetto mistico che ha il potere di risolvere problemi complicati.

- Alcune persone guardano ai 'Chakra' come un modo per trovare la pace interiore. Cercano il potere dei chakra per trovare una via d'uscita dall'enigma della vita.

Sono sulla strada giusta?

Le culture orientali seguono questo percorso da più di 4000 anni. La pratica non è rimasta confinata ad una sola regione, ma ha continuato ad ampliare la sua diffusione, e questa è la prova che ha ottenuto i benefici previsti.

I chakra possono aiutarvi a trovare pace e tranquillità.

- Alcuni vedono i 'Chakra' come un mezzo per ripristinare l'equilibrio energetico perduto. Attraverso il potere dei chakra, cercano di ritrovare la scintilla perduta nella loro vita.

Il bilancio energetico è importante, o è addirittura una cosa reale?

L'importanza dell'equilibrio energetico può variare da persona a persona. Tuttavia, non è un segreto che senza un equilibrio energetico intrinseco, può diventare molto difficile svolgere le funzioni di questa vita senza soluzione di continuità.
Sia che si tratti della pura mancanza di interesse nella vita o dell'incapacità di incanalare le energie in modo positivo, i chakra possono aiutare nel lavoro energetico.

- Altri pensano che attraverso il potere dei 'Chakra', saranno in grado di esprimere meglio le loro capacità intrinseche.

Sono sbagliati nel pensarlo?

Le persone che lottano nella loro vita e nella loro carriera hanno l'inquietante sensazione di essere intrappolate nelle professioni sbagliate. Le loro passioni e abilità si trovano altrove. Qualunque sia la quantità di sforzo che mettono in una particolare professione o forma d'arte, non sono mai in grado di raggiungere il loro vero potenziale. Invece, dall'altra parte, ci sono persone che iniziano a ottenere fama e successo senza sforzo. Sembra che si trovino nel posto giusto al momento giusto. Non è solo una questione di coincidenza.

Questo libro spiegherà i modi in cui i chakra influenzano la nostra personalità, i tratti caratteristici, i gusti e le capacità professionali.

Se lavorate sui chakra corretti secondo il vostro interesse e la vostra inclinazione, non c'è limite alle capacità che potete ottenere in quei campi. Noi siamo una somma del modo in cui le nostre energie si manifestano. L'energia è come una corrente elettrica. Si può usare la stessa energia per riscaldare l'acqua o per congelarla. Tutto dipende dall'apparecchio utilizzato. I chakra sono questi mezzi. Se lavorate sui chakra corretti secondo la vostra inclinazione, potete raggiungere facilmente il vostro massimo potenziale.

Questo libro vi aiuterà a capire i chakra e il modo in cui sono importanti per noi. Il concetto di chakra non è basato su credenze superstiziose. Pratiche ben consolidate come il 'Reiki Healing' sono basate sui principi del flusso di energia dei chakra. Anche la scienza dell'agopuntura e la digitopressione lavorano sui principi del flusso energetico.

È un concetto che è stato seguito in varie forme nella maggior parte del mondo, anche quando non c'era modo di diffondere la conoscenza. Questo significa che i nostri antenati sentivano l'importanza del flusso di energia nella nostra vita. Il concetto di Chakra ha questo principio ben sviluppato e organizzato. Per migliaia di anni, i saggi hanno meditato su questo concetto e hanno contribuito a svilupparlo alla perfezione.

Nel sistema dei chakra, ci sono dei principi stabiliti che possono aiutarvi a portare un perfetto equilibrio energetico. Con l'aiuto della guarigione dei chakra, è possibile ripristinare i chakra bloccati, attivare i chakra inattivi e portare tutti i chakra in sincronia. In effetti, ci sono diversi modi per portare questa armonia.

Tutto questo ha richiesto migliaia di anni di pratica e di lavoro. È una tradizione millenaria che è stata perfezionata con il tempo e la pazienza.

Seguendo semplicemente alcune regole e pratiche specifiche, potete ottenere tutti i benefici del sistema dei chakra. L'unica cosa che si frappone tra voi e il mondo della conoscenza è la vostra ignoranza su questo concetto.

Lo scopo principale di questo libro è quello di aiutarvi a capire il concetto da zero in modo da poterlo esplorare senza dubbi nella vostra mente.

- Potreste avere dei dubbi nella vostra mente.
- Lei può essere un cinico.
- Si può essere scettici.

In effetti, essere tutto questo è buono e incoraggiato nelle tradizioni orientali.

La prima menzione documentata del sistema dei chakra si trova nella tradizione indù della fondazione della valle dell'Indo. La tradizione indù, come sappiamo, non è una tradizione di credenti. Non ti chiede di credere in principi stabiliti. Vuole che mettiate in discussione le cose. Vuole che mettiate in discussione le credenze stabilite. Vuole che prima comprendiate ogni principio su cui state per lavorare.

È una tradizione che incoraggia l'esplorazione della conoscenza. Anche gli antichi testi religiosi indù sono pieni di domande e risposte. In questa tradizione, le persone non hanno mai esitato a fare domande anche a Dio. Infatti, hanno sempre cercato risposte ai problemi più complessi della vita.

Perciò, se volete procedere come scettici o cinici, siete i benvenuti a farlo.

Alcune persone temono che la pratica del chakra possa interferire con la loro fede.

Queste persone non hanno motivo di preoccuparsi. Anche se la menzione dei chakra ha origine negli antichi testi indù, la pratica non è mai stata sviluppata come una pratica religiosa. È semplicemente un modo per incanalare le vostre energie nel modo giusto.

In effetti, anche la pratica dello Yoga ha avuto origine negli stessi testi. Ma tutto il mondo oggi ha riconosciuto e accettato i suoi benefici. Non ha nulla di religioso. È una semplice pratica per mantenere sani il corpo e la mente.

Allo stesso modo, anche la meditazione dei chakra non ha nulla di religioso. La pratica dei chakra è un modo semplice di incanalare le vostre energie nella giusta direzione.

- Se senti che la tua vita non sta andando nella giusta direzione
- Se ti senti perso a metà strada
- Se ti senti svuotato di energia
- Se ti senti confuso e caotico
- Se vi trovate incapaci di utilizzare le vostre energie al loro pieno potenziale

Allora, l'esplorazione del concetto di chakra è un must per voi.

I chakra possono aiutarvi a raggiungere questi obiettivi e molto di più. Infatti, i poteri dei chakra sono infiniti.

Tuttavia, perseguire semplicemente i Chakra per il bene di questi obiettivi senza capirli un po' non sarebbe prudente.

Questo libro vi aiuterà con tre cose principali:

1. Spiega il concetto di chakra.
2. Rendere consapevoli del potere dei chakra.
3. Aiuta a guarire ed equilibrare i chakra.

Capitolo 2: Storia del concetto di Chakra

Introduzione dei Chakra nel mondo occidentale

Solo pochi decenni fa, la menzione dei chakra non avrebbe fatto suonare nessun campanello nel cuore e nella mente delle persone. Eppure oggi il concetto di chakra è sulla bocca di tutti.

Il concetto di chakra ha circa 100 anni per il mondo occidentale. Nell'anno 1919, Sir John Woodroffe fu nominato avvocato generale del Bengala dall'allora governo imperiale britannico durante il periodo della colonizzazione dell'India. Il Bengala è uno stato orientale dell'India. Durante i suoi 18 anni di soggiorno in India, Sir Woodroffe sviluppò un profondo interesse per gli studi sanscriti.

Studiò il sanscrito durante il suo soggiorno in India e tradusse circa 20 testi originali sanscriti. Era particolarmente interessato alla filosofia del sistema dei Chakra, e per portare questa conoscenza al mondo occidentale, pubblicò la sua opera di riferimento 'The Serpent Power' nel 1919. Questo è il primo libro in inglese che parla dei concetti del Kundalini Yoga e dei Chakra in dettaglio.

Riferimento storico di Chakra

La prima menzione dei chakra risale a più di 4000 anni fa. I testi sanscriti scavati che descrivono in dettaglio i chakra sono alcuni dei riferimenti più antichi a nostra disposizione. Tuttavia, si ritiene che il concetto di chakra possa essere vecchio quanto la pratica della meditazione, il che può estendere questa linea temporale molto più lontano, poiché le prove delle pratiche di meditazione hanno più di 8000 anni.

È molto difficile dire la linea temporale esatta del concetto di meditazione chakra, poiché le tradizioni vediche indù erano principalmente di natura orale. I maestri, i saggi e i veggenti trasmettevano la conoscenza ai loro discepoli meritevoli attraverso un addestramento pratico e un mezzo verbale. Molte volte, i maestri lasciavano morire diversi insegnamenti se non erano in grado di trovare un discepolo meritevole, perché temevano un uso improprio della conoscenza o una propagazione scorretta. La tradizione di conservare la conoscenza attraverso libri e materiale scritto è entrata in pratica molto tardi.

Gli antichi testi indù chiamati Vedas e Upanishad hanno descrizioni elaborate dei chakra. Ci sono diverse Upanishad che hanno una descrizione dettagliata dei chakra e dei loro usi nella nostra vita personale.

Propagazione dell'idea della meditazione Chakra

L'idea della meditazione sui chakra iniziò a diffondersi rapidamente con la crescita del buddismo. I monaci buddisti che andavano in giro per il mondo, diffondendo la parola della pace attraverso la meditazione, portavano anche il concetto di chakra perché entrambi erano complementari l'uno all'altro. La meditazione rende molto facile portare un equilibrio nei chakra, e se i chakra sono in equilibrio, trovare la pace nella vita diventa molto facile. Questa è una miscela senza sforzo e desiderabile. Le terminologie sono cambiate, alcuni concetti sono stati fusi, ma l'intero concetto si è intrecciato perfettamente. Diverse tecniche di guarigione seguite in tutto il mondo ne sono un esempio.

Per esempio, la guarigione Reiki è una tecnica che è stata sviluppata in Giappone. Funziona su principi simili a quelli dei Chakra. L'agopuntura, la digitopressione, lo yoga, la riflessologia e il Qigong sono altre tecniche che sembrano essere basate sulle stesse linee.

Qui, è importante notare che queste tecniche non hanno avuto origine nello stesso luogo. Alcune tecniche si sono sviluppate in

India, mentre altre sono nate in regioni lontane dell'Asia come la Cina e il Giappone. Questo può non sembrare difficile oggi, ma pensate alla velocità con cui le cose potevano diffondersi 2000 anni fa. Queste sono tecniche indigene di quelle regioni.

Il concetto di energia è universale in natura. Persone colte in tutto il mondo hanno sentito questa energia e hanno cercato di costruire un sistema che possa aiutarli a canalizzarla in modo migliore. Pensate al sistema dei chakra come uno dei sistemi più ben definiti e strutturati di questa serie.

Chiarire alcune confusioni

Il concetto di chakra è molto ampio. Il potere dei chakra è illimitato, e su questo non ci dovrebbero essere dubbi. Tuttavia, ci sono diversi miti circolati su questo concetto.

Alcune persone vogliono fare leva sull'idea dei chakra, e quindi hanno iniziato a proiettarla come un concetto per ottenere grandi poteri mistici. Altri lo hanno messo come un potere magico di fronte alle masse. Questo crea un grande strato di misticismo e apprensione.

Il concetto di chakra non ha una magia più grande della magia di voi. Siamo pieni di un grande potenziale, ed è un fatto indiscutibile. I chakra possono sicuramente aiutare a migliorare quelle capacità intrinseche dentro di voi, e questo può sembrare ad altri un lavoro magico. Tuttavia, questo richiede tempo, pazienza e molto lavoro. Le persone che non prestano attenzione pensano che l'altra persona sia diventata eccezionale da un giorno all'altro.

La famosa citazione di Lionel Messi è molto appropriata in questo contesto. Ha detto: "Comincio presto e resto fino a tardi, anno dopo anno, mi ci sono voluti 17 anni e 114 giorni per diventare un successo notturno".

Ci sono altri che trattano i Chakra come un concetto di magia nera come il Voodoo. Chakra non è un concetto che colpisce gli altri. È un modo per migliorare se stessi. Potete migliorare voi stessi attraverso questa tecnica. Potete sviluppare i vostri poteri. Quello che fate con quel potere dipende sempre da voi, e la tecnica non ha niente a che fare con questo.

Tuttavia, man mano che acquisite una migliore comprensione del concetto di chakra, imparerete che man mano che salite la scala dei chakra, il vostro senso di auto-ossessione inizia a diminuire. Diventate meno egocentrici o preoccupati. Iniziate a sentirvi più connessi e interessati al mondo.

Il concetto di chakra ha l'obiettivo finale di creare un'identificazione universale e di fondere il sé in essa. Vi aiuta ad ampliare la portata della vostra percezione e a relazionarvi meglio con i bisogni di tutto il mondo che vi circonda.

La cultura vedica non è mai stata quella ossessionata dall'accumulo di beni materiali, ma di conoscenza e il concetto di chakra ne è una testimonianza.

Negli ultimi anni, la gente ha iniziato a mostrare un vivo interesse per i chakra, specialmente per il risveglio del sesto chakra, conosciuto anche come il chakra del terzo occhio o chakra Ajna. La ragione di questo vivo interesse risiede nel fatto che questo chakra può aiutare una persona ad acquisire poteri psichici. Aiuta anche ad estendere il senso di percezione e il sesto senso.

Il problema è che se cercate di risvegliare il chakra del terzo occhio senza lavorare su altri chakra nel vostro corpo, si può creare uno squilibrio energetico. Lo stesso potere che volevate usare a vostro vantaggio può iniziare a spaventarvi perché può facilmente andare fuori controllo. Imparare l'arte di gestire e incanalare correttamente questa energia è molto importante.

Capitolo 3: Perché hai bisogno di sapere dei chakra?

Questa è una delle domande più valide che possono sorgere nella vostra mente. I chakra possono essere molto potenti, ma sfruttare il potere dei chakra non sarà una passeggiata. Avrebbe bisogno di tempo, pazienza e perseveranza.

Imparare qualcosa nella vita non è facile. Imparare a camminare è un atto così semplice. È un'abilità che si trova nella nostra memoria cellulare. Il nostro corpo ha arti e muscoli specificamente progettati per farci camminare. Eppure, un bambino ha bisogno di mesi di pratica per imparare l'arte del camminare. Allo stesso modo, le nostre menti e i nostri corpi sono pienamente in grado di sfruttare il potere dei chakra, ma richiederebbero pratica e pazienza.

Tuttavia, prima di metterci tutto quel tempo e quello sforzo, è molto ovvio riflettere sulla questione fondamentale dell'utilità.

Diamo un'occhiata alle seguenti domande.

Problemi del 1° Chakra:

Hai una sensazione generale di mancanza di energia, vigore e vitalità?

Sente che le manca gravemente la fiducia al di fuori della sua zona di comfort?

C'è una paura generale dentro di te riguardo alla famiglia e alla sicurezza?

Ti trovi per lo più indeciso o hai difficoltà a mantenere una decisione?

Trovi molto difficile ottenere una promozione al lavoro?

Questi sono alcuni dei segni di problemi nel chakra della radice.

Problemi del 2° Chakra:

Senti che stai perdendo la passione anche per le cose che amavi di più?

C'è un generale disinteresse a godere dei piaceri della vita?

Senti che la tua vita sessuale sta diventando noiosa o monotona senza una ragione apparente?

Il suo senso di autostima sta diventando sempre più fragile?

Hai iniziato a cercare costantemente l'apprezzamento?

Il senso di colpa per gli errori del passato ha iniziato a prendere il sopravvento su di te come persona?

Questi sono alcuni dei segni di problemi nel chakra sacrale.

Problemi del 3° Chakra:

Stai lottando per mantenere i confini?

Senti un senso generale di scarso autocontrollo?

Avete iniziato a sentirvi completamente demotivati?

Hai iniziato a sentirti più attratto dalle dipendenze?

Hai iniziato ad appoggiarti ad altri per il tuo lavoro ultimamente?

Questi sono alcuni dei segni di problemi nel chakra del plesso solare.

Problemi del 4° Chakra:

Stai perdendo il tuo senso di identità o stai affrontando una crisi di identità interna?

Le incomprensioni nelle relazioni o con i membri della famiglia hanno cominciato ad aumentare esponenzialmente?

Trovi davvero difficile trovare uno sbocco creativo?

Hai iniziato a dire sì a tutti e a tutto?

Avete problemi di fiducia?

Trovi davvero difficile lasciare andare il passato e andare avanti?

Senti le emozioni imbottigliate dentro di te?

Questi sono alcuni dei segni di problemi nel chakra del Cuore.

Problemi del 5° Chakra:

Hai iniziato a trovare davvero difficile esprimere te stesso?

Imparare qualcosa di nuovo sta diventando molto difficile?

Sente che sta diventando sempre più testardo?

C'è un crescente senso di distacco?

Stai diventando davvero intollerante all'ascolto degli altri?

Hai iniziato a perdere la tua presa o la tua influenza sugli altri?

Questi sono alcuni dei segni di problemi nel chakra della radice.

Problemi del 6° Chakra:

Avete iniziato a sentirvi troppo scollegati e confusi?

Vi sentite bloccati ai problemi con l'incapacità di guardare oltre?

Stai diventando troppo critico ultimamente?

Ti senti attanagliato dallo stress e dall'ansia?

State perdendo la distinzione tra finzione e realtà?

Trova difficile credere in qualcosa?

Questi sono alcuni dei segni di problemi nel chakra del Terzo Occhio.

Problemi del 7° Chakra:

Ti ritrovi a diventare altezzoso e pomposo?

Le tue convinzioni stanno diventando rigide?

Hai iniziato a comportarti in modo segreto, ossessivo e ipocrita?

Si sente disorientato in generale?

Avete iniziato a sentirvi poco ispirati?

Stai diventando troppo sensibile alla luce?

Questi sono alcuni dei segni di problemi nel chakra della Corona.

Senti che alcune delle domande colpiscono da vicino?

Questi sono alcuni dei problemi che possono sorgere se c'è uno squilibrio nei chakra. L'elenco effettivo dei problemi che possono sorgere a causa dello squilibrio dei chakra è molto lungo. Conoscerete i problemi in modo più dettagliato quando parleremo dei chakra singolarmente.

Qui, lo scopo di questo capitolo è semplicemente spiegarvi le ragioni per cui avete bisogno di imparare di più sui chakra. La maggior parte delle volte, il problema risiede semplicemente nei chakra, che può essere affrontato facilmente; tuttavia, generalmente cerchiamo di trovarlo in qualcos'altro, ed è per questo che non viene mai risolto. La conoscenza dei chakra può aiutarvi ad affrontare facilmente molti di questi problemi.

Il concetto di chakra non è qualcosa che riguarda solo le persone che vogliono ottenere qualcosa fuori dal comune. Riguarda ogni persona che vuole la pace nella vita e vuole avere successo.

I chakra della conoscenza possono essere la tua mappa per muoverti direttamente verso la tua destinazione.

Significa che non raggiungerai la tua destinazione se non hai la mappa? Molto probabilmente, conoscete già la risposta.

Si può raggiungere o meno la destinazione. Tuttavia, troverete sicuramente che è relativamente difficile e richiede tempo per arrivarci.

In parole semplici, la conoscenza dei chakra può servire allo scopo di una guida generale nella vita. È anche un manuale di allenamento con il quale si può lavorare sulle aree richieste in modo molto mirato.

Se volete avere successo in qualche campo specifico, potete iniziare a lavorare sul rafforzamento del chakra che aiuta a sviluppare quelle abilità. Per esempio, quando iniziamo gli studi, dobbiamo studiare molte materie. Siamo in tenera età, e quindi tutte le materie vengono insegnate in modo che possiamo sviluppare una migliore comprensione per scegliere la corrente di nostro gradimento. Ora, immaginate di essere costretti a studiare tutte le materie per sempre, o le materie che non vi interessano.

La conoscenza dei chakra può risparmiarvi questo inconveniente nella vita. Conoscerete le cose che vi piacciono e su cui dovete lavorare. Sarete in grado di individuare meglio e più velocemente i problemi. Sarete più indipendenti e soddisfatti.

La conoscenza è un grande tesoro, e la conoscenza dei chakra può diventare un tesoro che non vorresti mai perdere.

Capitolo 4: La scienza dietro i chakra

L'antico sistema vedico descrive i chakra come i centri di energia. Crede che la nostra esistenza non sia semplicemente nella forma di questo corpo. Esistiamo anche su diversi altri livelli. Il sistema vedico dice che esistiamo almeno su altri due livelli allo stesso tempo. Oltre al nostro corpo fisico, c'è anche un corpo energetico che esiste intorno al nostro corpo fisico e poi il corpo spirituale che circonda tutto il resto.

Gli scienziati trovavano davvero difficile credere a questo fatto, ma ora è stato provato in modo definitivo che c'è un campo di aura intorno a noi. Esiste una tecnologia che permette di fotografare quest'aura anche dopo che abbiamo lasciato quel luogo. Il campo energetico è così forte che lascia la sua impronta anche dopo aver lasciato quel luogo. Da qui diventa ancora più interessante.

L'aura non rappresenta solo la vostra presenza fisica, ma dà anche una descrizione corretta del vostro stato mentale ed emotivo. Questo significa che se vi sentite tristi e scoraggiati, questo si rifletterà nella fotografia dell'aura, indipendentemente dalla facciata che presentate sotto forma di un sorriso fasullo. Il tuo corpo energetico è molto più preciso nel rappresentare il tuo stato mentale ed emotivo.

L'energia gioca un ruolo molto importante nella nostra vita. Mentre la scienza e la tecnologia moderne si concentravano interamente sulla fisicità e la materia, per secoli i saggi e i veggenti orientali erano impegnati a guardare verso l'interno. Credevano che nel corpo umano ci fosse qualcosa di più del semplice sangue e delle ossa. I saggi credevano che anche se avessero progettato qualcosa che potesse essere fatto funzionare esattamente nello stesso modo delle funzioni del corpo umano, non avrebbe ottenuto caratteristiche e poteri umani. Oltre alla funzione meccanica del corpo umano, c'è l'energia che fa funzionare questo corpo, ed è indistruttibile.

I Veda hanno proclamato migliaia di anni fa che l'anima è indistruttibile e incorruttibile. Questo corpo è semplicemente un vettore. L'anima cambia il corpo come si cambiano i vecchi vestiti.

Hanno chiamato questa energia "Prana". Prana in sanscrito significa vita o energia vitale universale. Questo prana detta tutte le funzioni meccaniche ed emozionali del corpo.

I Veda descrivono questo sistema energetico come molto elaborato in natura. Dicono che questa energia scorre insieme al sistema nervoso del corpo. Ci sono 72000 'Nadis' o nervi principali che portano il 'Prana' in tutto il corpo. La rete di distribuzione dell'energia è così elaborata che, per un migliore controllo, è divisa in 114 sotto-stazioni chiamate chakra.

Pertanto, il numero effettivo di chakra nel nostro corpo è 114 in totale. 2 Chakra di questi, 114 sono fuori dal corpo. Questo significa che non sono fisicamente presenti all'interno del nostro corpo. Non abbiamo bisogno di fare nulla di specifico per mantenere quei 2 chakra in equilibrio. Finché tutti gli altri chakra sono in equilibrio, questi 2 chakra lavoreranno in tandem.

I restanti 112 chakra sono ulteriormente divisi in 7 gruppi. Questi gruppi controllano vari aspetti del nostro sviluppo fisico, emotivo e spirituale. Sotto ogni chakra maggiore, ci sono 16 chakra minori.

C'è un'idea sbagliata popolare che i chakra siano fisicamente situati all'interno del corpo. Questo non è corretto. Infatti, non c'è nulla di fisico nei chakra.

La parola 'Chakra' nella lingua sanscrita significa una ruota. Ora, come abbiamo già discusso, il Parana scorre attraverso i nostri centri nervosi. I principali punti d'incontro delle nadi attraverso le quali il Prana scorre sono conosciuti come chakra. Ma i punti di incontro non sono circolari. Al contrario, i nervi di solito si incontrano incrociandosi tra loro. I punti di giunzione sono quindi sempre triangolari. Tuttavia, l'energia come la conosciamo scorre, è in forma fluida. Quindi, nei punti di giunzione, quando le energie provenienti da varie fonti si incontrano, creano un vortice di energia che gira. Acquista una forma circolare, ed è in movimento, ed è per questo che si chiama chakra.

Tutto nel corpo è strettamente collegato. I 112 chakra o i punti di giunzione formano un collegamento diretto tra loro. Rimangono in una rete. Tuttavia, non c'è niente di simile ad una ruota che lavora dentro di voi. Non troverete dentro di voi delle ruote libere come in un orologio. Il punto in cui la confluenza dell'energia è molto potente si chiama chakra. In questo modo, ci sono 112 punti di questo tipo nel corpo. Tuttavia, c'è bisogno di un sistema per regolare questo flusso di energia in modo appropriato. I centri di potere dell'energia che possono regolare il flusso di energia all'interno del nostro corpo. Questi centri di potere sono i 7 chakra principali, e si trovano all'esterno del corpo.

La posizione dei chakra è lungo la spina dorsale. Ci sono sette punti principali che si dice siano le posizioni dei chakra. Le posizioni non sono basate su supposizioni. Ogni chakra principale influenza una ghiandola endocrina così come un gruppo di nervi chiamato plesso. Le ghiandole endocrine sono ghiandole senza condotto che hanno il potere di influenzare la maggior parte delle funzioni del corpo attraverso la produzione di messaggeri chimici conosciuti come ormoni. Il plesso può trasmettere messaggi direttamente alle regioni interessate. Pertanto, i chakra possono dominare ogni aspetto del vostro essere senza nemmeno essere fisicamente situati all'interno del corpo.

Ogni chakra ha una forte associazione con una ghiandola endocrina e un plesso o un gruppo di nervi. Questo dà loro il meccanismo di controllo completo del corpo. I 7 chakra possono influenzare fortemente la tua salute fisica, emotiva, mentale e spirituale allo stesso tempo.

Molte persone che conoscono un po' i chakra e sono rimaste affascinate dai poteri di un chakra specifico commettono l'errore fatale di considerare questi chakra entità separate. Anche se ogni chakra ha la sua influenza su una specifica ghiandola endocrina e centro nervoso, è strettamente collegato agli altri chakra. Lavorare semplicemente su un chakra non farà altro che complicare i chakra, poiché questo disturberà il delicato equilibrio energetico.

Per esempio, i tre chakra inferiori del corpo vi collegano fortemente al vostro corpo. Vi tengono concentrati sulle attività materiali e sull'autoconservazione. I tre chakra superiori sono fortemente connessi all'intellettualismo e alla spiritualità. Cercano sempre di liberarvi dal desiderio di autogratificazione e di autoconservazione. Tuttavia, anche se volete acquisire una conoscenza spirituale, il vostro chakra della radice deve essere aperto, attivo ed equilibrato. Senza un chakra della radice funzionante, non potete avere un chakra della corona funzionale, poiché il primo chakra è la scala verso il secondo chakra e verso l'alto. Non potete saltare i chakra né bypassarli.

L'energia attraverso il sistema nervoso centrale fluisce e si trasmette senza problemi solo quando tutti i chakra lavorano in armonia.

Indipendentemente dal tipo di poteri che vuoi o dal chakra su cui vuoi concentrarti, è molto importante che tutti i chakra del tuo corpo rimangano attivi, aperti ed equilibrati.

Capitolo 5: L'importanza del bilanciamento dei chakra

Come abbiamo già discusso, ci sono 7 chakra principali. Il ruolo dei chakra è di regolare l'energia ad ogni livello e passarla al chakra successivo nella linea. I chakra nel corpo non sono la fonte di questa energia. Stanno semplicemente trasformando questa energia e poi la passano ai chakra superiori. Per mantenere la salute fisica, mentale/emotiva e spirituale, è importante che ci sia un flusso di energia regolare e senza ostacoli. Se un chakra è bloccato o inattivo, il flusso di energia ne risentirà. Ogni chakra ha la sua area di importanza. Influenza una serie di caratteristiche e nessun altro chakra può avere a che fare con esso. Un blocco in un chakra qualsiasi vi influenzerà.

Tuttavia, questo non significa che ogni chakra sia lo stesso. Il livello di intensità con cui sperimentate la vita in un chakra continua ad aumentare man mano che salite la scala dei chakra. Iniziate a sperimentare la vita con più vigore. Per esempio, se c'è uno squilibrio energetico nei chakra inferiori come il chakra della radice, l'impatto sarà visibile solo in aree limitate. Voi personalmente ne sarete più colpiti, ma le persone intorno a voi potrebbero non essere in grado di sperimentare la differenza perché i cambiamenti potrebbero essere molto sottili. Tuttavia, se c'è uno squilibrio energetico nei chakra superiori come il chakra del terzo occhio o il chakra della corona, i segni saranno visibili più chiaramente. La ragione è molto semplice: l'intensità con cui si sperimenta la vita a questi livelli è molto alta. Questa è una ragione per cui la gente dà più importanza ai chakra superiori. Tuttavia, questo è un errore che non dovete fare.

Ogni chakra si rivolge a qualità specifiche e vi dà una spinta in quella direzione. Ha un ruolo specifico che non può essere ignorato. Per esempio, molte persone che hanno recentemente sviluppato la conoscenza dei chakra si sentono affascinate dal chakra del terzo occhio. È un chakra che, quando è completamente attivo, può darvi un senso di percezione accentuato. Questo chakra può darvi forti poteri psichici. Può rendere il vostro sesto senso molto potente, e potete essere in grado di percepire le energie intorno a voi. Tutto questo suona grande ed eccitante. Tuttavia, la gente generalmente ignora il potere richiesto per detenere questo tipo di potere.

Non c'è dubbio che il chakra del terzo occhio aumenterà le vostre capacità psichiche. Ma funziona in entrambi i sensi. Otterrete il potere di percepire le energie intorno a voi, ma questo non significa che sarete veramente preparati ad affrontarle 24X7. Non potete avere alcun controllo sul tipo di energie che entrano in contatto con voi. Quando questo inizia ad accadere in modo incontrollato, può spaventarvi. La vostra capacità di percepire le cose aumenta di parecchie volte. Tuttavia, questo non significa anche che penserete solo alle cose positive. I vostri pensieri possono essere guidati dalle cose che vi circondano, e sono di natura mista. Significa anche che puoi iniziare ad avere pensieri veramente negativi. Se non siete adeguatamente radicati, potreste iniziare a sentirvi davvero spaventati. Potreste perdere il controllo dei vostri pensieri. Per rimanere radicati nella realtà, dovete avere un chakra della radice forte e attivo. Senza un potente chakra della radice, starete come un palo debole con un carico pesante in una forte tempesta. Un colpo forte avrà la capacità di rovesciarvi, e anche quelli più piccoli continueranno a scuotervi per sempre.

Perciò, come avete bisogno dei chakra superiori per avere maggiori poteri, avete anche bisogno dei chakra inferiori per sviluppare la capacità di mantenere tali poteri. Oltre a questo, il modo per aprire correttamente i chakra superiori passa anche attraverso i chakra inferiori.

I chakra equilibrati aiutano il buon funzionamento della mente e del corpo. Aiutano nello sviluppo generale della vostra personalità. I chakra danno anche forma alla vostra personalità. Il chakra più forte nel vostro sistema vi darà una forma definita. Questo significa che se i chakra superiori del vostro corpo sono più prominenti, allora avrete una personalità più forte. Questo è anche un motivo per cui la gente è così persuasiva nei confronti dei chakra superiori. Tuttavia, anche qui vale la stessa regola. Senza lo sviluppo dei chakra inferiori, l'espressione dei chakra superiori non sarebbe mai utile. Se si cerca di ottenere questo in modo innaturale o con uno sforzo eccessivo, allora le possibilità che le cose vadano male sono molto alte.

Voglio sottolineare questo punto ancora una volta perché le persone fanno questo errore molto spesso. Sono solo alla ricerca di chakra specifici senza capire effettivamente la meccanica dell'energia. Puoi ottenere i benefici dei chakra attivi solo quando tutti i tuoi chakra sono in sincronia. Anche un solo chakra bloccato può mettere il vostro corpo e la vostra mente fuori equilibrio.

Un'altra cosa molto importante da capire è che non è solo il blocco del chakra che può causare un problema. Anche se un chakra diventa iperattivo, può causare la stessa quantità di problemi o anche di più. I chakra sono centri energetici potenti, se diventano iperattivi, le stesse qualità che possono aiutarvi inizieranno a causare problemi.

Per esempio, il secondo chakra chiamato Chakra Sacrale vi permette di godere dei frutti di questo mondo. Vi dà la capacità di provare gioia e piacere in questo mondo. Vi dà anche il desiderio di avere piaceri sessuali. Questo chakra vi lega fortemente a questo mondo.

Se il flusso di energia verso questo chakra è basso, potresti iniziare a sentirti disinteressato a tutto. Potreste non cercare il piacere né trovarlo da nessuna parte. Questo può affaticare le relazioni e può anche rendervi amari e risentiti. Questo è il chakra che vi fa amare questo mondo e la vita. Senza di esso nella vostra vita, questo mondo diventerebbe noioso.

Tuttavia, se le energie di questo chakra diventano iperattive, possono rendervi ossessionati. Puoi diventare una persona completamente attratta dai piaceri. Diventereste anche completamente indifferenti a tutte le vostre responsabilità e alle persone che vi circondano. La sovraespressione dell'energia nel chakra sacrale può anche renderti un maniaco sessuale che non ha nient'altro in mente oltre al sesso. Queste persone iniziano a guardare tutti e tutto come oggetti sessuali. Queste persone non rimangono nascoste a lungo nelle società e vengono bollate o surclassate molto presto. Queste persone perdono anche presto la loro utilità per la società e finiscono per vivere una vita piena di risentimento.

Questo era solo un esempio di uno squilibrio energetico in un chakra. Il chakra sacrale è ancora un chakra inferiore, e quindi la sua intensità è bassa. Man mano che salirai, l'intensità aumenterà e quindi l'impatto sulla tua vita e sulla tua personalità sarà molto più grande.

Pertanto, è molto importante che lavoriate per armonizzare i vostri chakra. Più lavorano in sincronia, migliore sarà la vostra vita.

Capitolo 6: I 7 Chakra e le loro proprietà

Ci sono 7 chakra principali:

Numero	Nome del Chakra	Nome sanscrito	Ghiandola associata
1° Chakra	Il chakra della radice	Mooladhara	Ghiandola della corteccia surrenale
2° Chakra	Il chakra sacrale	Svadisthana	Ovaie e testicoli
3° Chakra	Il chakra del plesso solare	Manipura	Pancreas
4° Chakra	Il chakra del cuore	Anahata	Timo
5° Chakra	Il chakra della gola	Vishuddhi	Tiroide
6° Chakra	Il chakra del terzo occhio	Ajna	Pituitaria
7° Chakra	Il chakra della corona	Sahasrara	Pineale

I chakra sono molto potenti, e non solo ci influenzano fisicamente, ma anche a diversi altri livelli. A grandi linee, l'impatto dei chakra può essere sentito su quattro livelli diversi:

1. Fisicamente
2. Mentalmente
3. Emotivamente
4. Spiritualmente

Ogni chakra ha le sue proprietà caratteristiche. Se quel chakra funziona normalmente, avrete certe funzionalità che funzioneranno bene. Qualsiasi tipo di squilibrio che coinvolge una minore energia in quel chakra o un chakra iperattivo può cambiare completamente il modo in cui quel chakra funziona.

In questo capitolo, cercheremo di capire in dettaglio i livelli in cui ogni chakra influenza la nostra vita e l'impatto che lo squilibrio energetico in qualsiasi chakra può avere sulla nostra vita.

Prima di iniziare, è importante capire che l'elenco delle caratteristiche qui menzionate non è esaustivo. Infatti, nessun libro può essere così esaustivo da coprire l'intera portata dei chakra. Qui, cercheremo di sviluppare una comprensione del potere che i chakra esercitano sulla nostra vita, anche se rimangono completamente nascosti fuori dall'immagine.

Dei 7 chakra, i tre chakra inferiori riguardano direttamente il corpo. Il loro obiettivo principale è quello di cercare di mantenervi fortemente attaccati a questo mondo. I sentimenti di autoaffermazione, autogratificazione e autodefinizione sono molto importanti a livello di questi chakra. In un certo senso, lavorano per l'autoconservazione.

I tre chakra superiori lavorano in una direzione completamente diversa. Il loro scopo è quello di fornire la conoscenza e portarvi verso la liberazione. Il loro obiettivo principale è l'auto-riflessione e l'auto-conoscenza. Come i due poli di una calamita, il chakra superiore e quello inferiore lavorano su obiettivi diversi. Uno cerca di farvi lavorare verso l'autoconservazione mentre l'altro cerca la liberazione da questo mondo.

Il quarto chakra è il ponte. Si trova al centro, e quindi ha la tendenza di entrambi i tipi. Ha un'affinità verso l'amore ma anche un'attrazione verso la creatività, che alla fine porta alla liberazione.

Non dovreste mai classificare nessun chakra come buono o cattivo, potente o debole. Ogni chakra ha il suo posto nel sistema dei 7 chakra. L'impatto che può sembrare piccolo qui sarà molto diverso dall'esperienza personale.

Il chakra della radice - Mooladhara

Questo chakra è rappresentato da un colore rosso brillante. Questo chakra è denso. È di natura elementare. Il sentimento principale di questo livello è l'autoconservazione. Questo chakra ha l'elemento di gravitazione. Vi tiene legati alle vostre radici e vi aiuta a rimanere radicati nella realtà. L'ordine, la struttura e il bisogno di logica sono le cose fondamentali che questo chakra cerca di ottenere. Questo chakra vi mantiene concentrati sui cinque sensi.

Il significato sanscrito della parola 'Moola' è radice o base. Questo è il chakra di base. Diventa attivo anche prima che voi veniate in questo mondo. Dal vostro concepimento a circa 12 mesi di età, questo chakra è quello dominante nel corpo. Gli obiettivi primari di questo chakra sono la stabilità, la salute fisica e la stabilità. La fiducia è un fattore molto importante per questo chakra, poiché si riferisce anche alla sicurezza. Questo chakra desidera la prosperità.

Chakra della radice equilibrato: Questo chakra è tutto sulla fisicità, e quindi un chakra della radice equilibrato vi fornirà energia fisica illimitata. Una persona con un chakra della radice perfettamente funzionante non avrà problemi nel lavoro fisicamente intenso. Lo sport e il lavoro manuale sarebbero di grande divertimento. Una tale persona sarebbe anche molto centrata e con i piedi per terra. Queste sono qualità molto importanti e anche i primi requisiti della pace e della felicità. Questo chakra non desidera molto; cerca di trovare la sufficienza in qualsiasi cosa sia disponibile. Può darvi il controllo completo dei vostri desideri, aspirazioni e desideri. Anche poco può significare molto per una persona con un chakra della radice equilibrato, e questo significa che una tale persona conosce la rara arte di vivere una vita felice e soddisfatta. Una tale persona si sentirebbe molto sicura e rimarrebbe collegata alle radici come la famiglia.

Chakra della radice debole: se qualcuno ha un chakra della radice debole, può lasciare quella persona fisicamente debole. Queste persone hanno problemi a rimanere con i piedi per terra e quindi rimangono timorose. Mancano di fiducia a causa della bassa energia fisica e per lo più si trovano incapaci di raggiungere gli obiettivi. Questo è il chakra che assicura la sopravvivenza, ma quando l'energia a questo livello è bassa, le possibilità che una persona diventi autodistruttiva sono molto alte. Anche le relazioni con le radici e i legami familiari sono deboli per queste persone, e quindi possono facilmente iniziare a sentirsi non amati o abbandonati.

Chakra della radice iperattivo: l'energia eccessiva nel chakra della radice pone anche un'uguale quantità di problemi. La contentezza è una qualità importante di questo chakra, ma quando c'è un eccesso di energia, tende a rendere le persone avide. La vostra dipendenza dalla ricchezza può non avere limiti. Potreste anche voler accumulare un potere illimitato e diventare dominatori ed egoisti. L'energia sessuale che sfugge di mano è anche un problema per queste persone.

Problemi di salute relativi al Chakra della Radice: La posizione fisica di questo chakra è il perineo, e può portare a mal di schiena cronici, costipazione, infezioni del tratto urinario, problemi di immunità, calcoli renali, paure irrazionali, depressione e problemi finanziari.

Nel nucleo di questo chakra, l'obiettivo principale è la sopravvivenza. Mentre siete nel grembo di vostra madre, questo chakra si attiva e rimane l'unico e più attivo chakra del vostro corpo. L'obiettivo principale di questo chakra è assicurare la vostra sopravvivenza. Questo è il chakra che mette la sensazione di paura nel vostro cuore. Nelle fasi iniziali, quando un bambino non sa e non capisce nulla, il bambino è ancora attento ai pericoli. Se non avete prestato attenzione a questo aspetto, guardate un bambino che cerca di stare in piedi, camminare o fare qualsiasi altro atto. Questo chakra ha un impatto molto forte sulla vostra fisicità e sugli attributi fondamentali del vostro carattere.

Il chakra sacrale

Questo secondo chakra è rappresentato da un colore arancione brillante. Questo è uno dei chakra più interessanti. Questo chakra si apre intorno ai 6 mesi di età e diventa pienamente funzionale intorno ai 2 anni. Questo è uno dei chakra più interessanti. Questo chakra ti aiuta a sviluppare un legame più profondo con questo mondo attraverso tutti i tuoi cinque sensi. Questo è il chakra della gioia e della felicità.

Questo chakra vi apre alle meraviglie che questo mondo ha da offrire. Vi rende più ricettivi. Il significato sanscrito della parola "Sva" significa "proprio". Questo chakra vi fa sentire questo mondo come vostro. La parola "Svad" significa "gustare". Vi aiuta ad assaporare questo mondo e tutti i doni che contiene attraverso tutti i cinque sensi. Finché questo chakra è in piena fioritura nel vostro corpo, la forza esterna dovrebbe essere applicata per rendervi tristi. Rimarreste felici e beati naturalmente, proprio come i bambini. Essi rimangono semplicemente beatamente inconsapevoli di tutto il dolore e la sofferenza intorno a loro, completamente immersi nei giochi inventati da loro. Non hanno bisogno di qualcosa di specifico per rimanere completamente impegnati. Troverebbero semplicemente qualsiasi cosa intorno a loro che sia completamente coinvolgente. Questo è il chakra dell'esperienza di questo mondo. Le ghiandole influenzate da questo chakra sono le ghiandole riproduttive. Ecco perché questo chakra è anche responsabile di suscitare sentimenti sessuali quando arriva il momento.

Chakra sacrale equilibrato: se l'energia di questo chakra è equilibrata ed è attiva, impartirà un senso di appartenenza. Questo chakra vi rende molto amichevoli e molto ottimisti.

Questo chakra vi aiuta a ricevere gioia da tutte le cose del mondo, e la vostra immaginazione otterrebbe un terreno fertile. Questo dà anche una grande spinta al vostro talento creativo. Vi rende anche molto intuitivi. Avrete preoccupazione per le altre persone intorno a voi e avrete anche un sano senso dell'umorismo. Rimarrete sensibili ai sentimenti degli altri, e questo vi rende anche una persona molto simpatica.

Chakra sacrale debole: se il vostro chakra sacrale è bloccato o ha poca energia, potete apparire come una persona estremamente timida e timorosa. Non avreste alcun senso di appartenenza, e potreste anche essere pieni di paura, ed esitereste ad esplorare qualsiasi cosa nuova. Queste persone generalmente diventano eccessivamente sensibili e risentite. Le persone con un chakra sacrale debole sono generalmente autoneganti e hanno molte emozioni sepolte. Trovano molto difficile fidarsi degli altri e possono avere un temperamento molto permaloso. Non solo questo, hanno sentimenti sessuali repressi. Questo è il motivo per cui queste persone possono iniziare a sentirsi in colpa per il sesso. Una bassa energia in questo chakra può anche renderli frigidi o sterili. Possono anche avere difficoltà a concepire.

Chakra sacrale iperattivo: avere un chakra sacrale iperattivo può essere un problema altrettanto grande. Questo chakra si occupa di godere dei piaceri di questo mondo e di vivere per i piaceri del sé. Tuttavia, se le energie in questo chakra sono caricate più del necessario, questo chakra può rendervi emotivamente esplosivi, aggressivi e troppo ambiziosi. Le persone tendono a diventare molto manipolative per soddisfare il loro desiderio di divertirsi.

Questo chakra mette le ali all'immaginazione, ma questo è buono solo fino a un certo punto. Se le energie di questo chakra vi sfuggono di mano, possono anche rendervi troppo fantasiosi. Potreste non avere alcun controllo sul vostro pensiero e iniziare a vivere nel vostro mondo di illusioni. Può anche rendervi facilmente troppo indulgenti ed egoisti, poiché l'obiettivo principale di questo chakra è di permettervi di godere dei piaceri di questo mondo.

I problemi più grandi cominciano a sorgere quando l'eccesso di energia in questo chakra comincia a influenzare i vostri desideri sessuali. Puoi iniziare ad avere pensieri ossessivi sul sesso, e ad un certo punto, solo il sesso può diventare la tua prima preoccupazione. Queste persone iniziano a considerare tutti come un mero oggetto di soddisfazione sessuale.

Problemi di salute relativi al chakra sacrale: problemi di potenza sessuale e infezioni del tratto urinario sono i principali problemi di salute che possono perseguitare una persona con uno squilibrio in questo chakra. Tuttavia, a causa della sua posizione fisica nella regione lombare, può anche causare dolori cronici alla schiena e problemi ginecologici.

L'obiettivo di questo chakra è di connettervi a questo mondo. Ti aiuta ad immergerti completamente e a cominciare a godere di questo mondo e a sviluppare un senso di appartenenza. Questo è il chakra del piacere e della gioia. Tuttavia, molto presto, i piaceri possono trasformarsi in ossessioni se le energie sfuggono di mano. Se le energie sono deboli, diventerete completamente incapaci di godervi questo mondo. La maggior parte delle persone che, ad un certo punto, perdono tutto l'interesse per le loro passioni e le cose che gli piacevano in passato, soffrono di questo problema. Le persone che iniziano a sviluppare tendenze ossessive e cambiano completamente il loro comportamento possono soffrire di energie iperattive in questo chakra. Questo chakra è importante perché vi mantiene connessi e interessati. Rende piacevole, ma uno squilibrio in questo chakra può essere distruttivo per la personalità.

Il chakra del plesso solare

Questo è il terzo chakra e uno dei più importanti che ha un impatto molto forte sulla tua personalità e sul tuo aspetto nel mondo esterno. Come abbiamo già discusso, man mano che saliamo i chakra, l'intensità esperienziale continua ad aumentare. Dei tre chakra che influenzano la tua fisicità, questo chakra è in cima e quindi il più intenso. È rappresentato dal colore giallo brillante dei raggi del sole. Come i raggi del sole, può illuminare la vostra vita.

In sanscrito, questo chakra è chiamato Manipura. La parola 'Mani' significa gioielli. La parola 'Manipura' significa 'la città dei gioielli'. Questo chakra funziona effettivamente come la città dei gioielli nella vita di una persona. Vi dà il potere di raggiungere tutto ciò che volete nella vostra vita. Questo è il chakra dell'azione. Questo chakra vi dà un appetito insaziabile. Se questo chakra lavora in sincronia, potete raggiungere qualsiasi cosa desideriate.

Questo chakra comincia ad aprirsi all'età di due anni e può diventare pienamente funzionale all'età di 4. Tuttavia, comincia a fiorire pienamente nell'adolescenza. Questo è il momento in cui ci si concentra veramente sugli studi e sulla carriera. Questo è il chakra delle abilità e delle passioni. Vi riempie di spontaneità. Non impiegate troppo tempo a riflettere sui pensieri e iniziate a credere nelle azioni. La vitalità è un'altra caratteristica di questo chakra. Questo chakra vi riempie con la forza di volontà, lo scopo e la determinazione. L'autostima è un'altra cosa che comincia a diventare molto importante per voi quando questo chakra comincia a diventare attivo. Questo è il chakra dell'autodefinizione. L'identità dell'ego inizia a diventare molto importante per voi e diventa una parte della vostra personalità.

Chakra del plesso solare equilibrato: le energie equilibrate nel chakra del plesso solare vi rendono una persona auto-consapevole. Questo non vi rende altezzosi o arroganti. Il senso di rispetto per se stessi vi fa anche rispettare gli altri. Tuttavia, avrete un forte senso del potere personale. Non avete paura della vita in generale, e questo senso di assenza di paura vi rende estroversi e allegri.

La cosa più distintiva di questo chakra è che vi fa agire. Continua a spingervi verso i vostri obiettivi. Siete in grado di trovare il vostro dono e di trovare la motivazione per continuare a valorizzarlo. Vi rende abili e intelligenti. Avete l'appetito per digerire la vita. Non ti senti spento o demotivato nella tua ricerca. Mantiene il fuoco che brucia fortemente nella tua pancia.

Il chakra del plesso solare vi tiene costantemente in movimento, ma vi fa anche sentire completamente rilassati. Vi sentite sempre a vostro agio in qualsiasi cosa stiate facendo. Le nuove sfide non sono mai un peso quando il chakra del plesso solare è equilibrato. Vi piacerebbe qualsiasi tipo di attività fisica, e vi riempirebbe di più energia.

Chakra del plesso solare debole: un chakra del plesso solare carente di energia è una brutta notizia. Colpisce la vostra fiducia più duramente. Perdi la concentrazione sull'azione e inizi a preoccuparti di più delle cose che gli altri pensano di te. Questo è un chiaro indicatore che il vostro chakra del plesso solare sta diventando carente di energia. Un'inspiegabile confusione e perdita di controllo sulla vita è un altro indicatore dei problemi nel chakra del plesso solare. Le persone affette da bassa energia in questo chakra iniziano anche a sentirsi depresse perché le cose non sembrano andare per il loro verso. Richiedono costanti rassicurazioni dagli altri perché chiaramente mancano di fiducia e autodeterminazione. Possono anche iniziare a mostrare tendenze di gelosia e sfiducia verso gli altri. La perdita di appetito e la cattiva digestione sono segni fisici di un problema in questo chakra.

Chakra del plesso solare iperattivo: se questo chakra diventa iperattivo, può riempirti di un falso senso di complesso di superiorità. Si può diventare molto critici e iniziare a trattare male gli altri. Alcune persone iniziano anche a comportarsi come perfezionisti sminuendo gli altri. Il loro unico obiettivo è quello di presentarsi come i migliori. Un'energia eccessiva in questo chakra ti farebbe costantemente cercare occasioni per dimostrare la tua eccellenza. Può rendervi un maniaco del lavoro, e potete anche perdere il rispetto per i confini personali. Questo può anche portare ad uno scarso equilibrio tra lavoro e vita privata. Puoi diventare molto esigente e anche cercare di posizionarti come eccessivamente intellettuale. Queste persone iniziano a mancare di rispetto a qualsiasi tipo di autorità e diventano risentite. Cercano semplicemente di affermarsi come al di sopra di tutto, anche del sistema. Tendono a sviluppare una predilezione per le dipendenze per rilassarsi e possono non trovare la pace dentro di sé.

Problemi di salute relativi al Chakra del Plesso Solare:
Questo chakra influenza il pancreas, e quindi tutti i sistemi relativi ad esso possono essere colpiti. Diabete, pancreatite, disfunzione epatica, epatite, disfunzione surrenale, perdita di appetito, anoressia, bulimia e ulcere gastriche sono problemi comuni affrontati dalle persone con problemi in questo chakra.

Questo è un chakra molto importante perché vi aiuta a stabilire la vostra autorità in questo mondo. Questo è un mondo di persone che fanno. Solo le persone che sono state in grado di realizzare qualcosa di notevole vengono ricordate, e questo chakra si sforza costantemente di portarvi verso questo obiettivo. Tuttavia, questo è un chakra ad alta energia e quindi è molto importante mantenerlo equilibrato. Un'energia bassa o eccessiva in questo chakra può influenzare tutta la tua personalità. L'intensità di questo chakra è tale che l'influenza è chiaramente visibile. Non solo la tua personalità interiore ma anche il tuo comportamento esteriore viene influenzato da questo chakra. Pertanto, è importante che tu faccia attenzione ai segni di squilibrio in questo chakra. Ci sono molti modi per mantenere questo chakra in equilibrio. Bisogna sempre ricordare che questo chakra è potente, ma è solo un mezzo e non il vostro obiettivo finale. Se rimanete concentrati solo su questo chakra, può facilmente diventare iperattivo.

Il chakra del cuore

Questo è il quarto chakra del sistema ed è unico. La qualità più peculiare di questo chakra è che contiene il meglio dei due mondi. Questo chakra si trova al centro dei poteri che vogliono tenervi legati a questo mondo materiale e quelli che sono alla costante ricerca della conoscenza e della liberazione. Questo chakra vi dà entrambi. Non solo ti aiuta a rimanere connesso al mondo fisico ma ti allena anche a connetterti al divino. Una miscela di cuore e mente è ciò che si ottiene in questo chakra.

Questo chakra è chiamato 'Anahata' in sanscrito. Significa un suono non colpito. I poteri di questo chakra non hanno né inizio né fine. Sono riverberi del divino. Questo chakra porta la scintilla della creatività in te. Se questo chakra è attivo e funzionante nel vostro corpo, avrete una scintilla creativa dentro di voi. Indipendentemente dalla professione che seguite, dagli hobby che avete, o dal talento che possedete, avrete un forte senso di apprezzamento per qualche forma d'arte. Questa scintilla creativa è la via di mezzo. Coinvolge i vostri sensi ma stuzzica anche i vostri poteri intellettuali.

Il chakra del cuore vi permette di vivere la vita molto intensamente. Avrete la capacità di assorbire le cose in modo diverso. Non conoscerete limiti. Questo chakra è rappresentato da un colore verde. È il colore della nuova vita, degli inizi e della compassione. L'amore e le emozioni avranno un ruolo molto importante nella vostra vita. Sentirete una forte connessione con il divino e la gratitudine avrà un posto speciale nella vostra vita. Non sarete una persona che semplicemente ignora le persone. Dare e ricevere avrebbero la stessa importanza nella vostra vita.

Chakra del cuore equilibrato: Per essere giusti, questo chakra è tutto sul delicato equilibrio nella vita. Vi mantiene fisicamente, emotivamente e spiritualmente equilibrati. Il chakra del cuore equilibrato è molto importante per vivere una vita soddisfacente in questo mondo. Senza un equilibrio in questo chakra, continuereste sempre a desiderare una cosa o l'altra, e la soddisfazione continuerebbe a sfuggirvi.

Compassione, empatia e gratitudine sono le qualità che definiscono questo chakra. Questo chakra ha una qualità nutritiva unica. Una persona con un chakra del cuore completamente attivo e fiorente avrà la capacità di guarire le ferite nascoste delle persone intorno a sé. Quella persona sarà semplicemente una grande calamita, e le persone si sentiranno completamente attratte da lui/lei. Tutto questo avviene grazie alla semplice capacità di comprensione ed empatia.

Non c'è motivo di pensare che tali persone siano tutt'altro che amichevoli. Hanno anche un forte desiderio di lavorare per la comunità e partecipano attivamente alle cause sociali. Il loro lato umanitario sarebbe visibile da lontano. Avrebbero un occhio misterioso per vedere il bene negli altri.

Questo chakra dà alle persone anche un grande potere di discernimento. Queste persone sarebbero in grado di sezionare facilmente i fatti e scegliere ciò che è necessario. Questo è un chakra intenso e quindi porta anche una forte forza di volontà e il desiderio di aiutare gli altri.

L'amore e le relazioni avranno un posto molto speciale per le persone con il chakra del cuore equilibrato. Saranno costantemente innamorati. Non è importante che amino un individuo, il loro amore può essere per una causa, per l'intera umanità, e anche per la spiritualità e Dio, ma ci sarebbe sicuramente. Senza amore, questo chakra non può funzionare. L'amore è il carburante di questo chakra.

Chakra del cuore debole: La prima cosa che colpisce quando questo chakra diventa carente di energia è l'indegnità in amore. Le persone iniziano a sentirsi perse e completamente fuori posto. Possono iniziare ad avere bisogno di rassicurazioni costanti perché una parte integrante della personalità viene a mancare. La paura può prendere il sopravvento su ogni aspetto principale della loro personalità. La paura di essere feriti è una paura primaria in quanto non sono in grado di formare relazioni forti. Trovano anche molto difficile uscire dalle ombre delle loro relazioni passate a causa della paura di lasciarsi andare. Sperimentano anche una strana paura di essere liberi. Hanno paura di essere abbandonati. Tutte queste paure li rendono paranoici.

Rimangono in gran parte indecisi e poco pratici. Continuano a cercare spalle per rimuginare. La semplice incapacità di formare relazioni stabili e di tenerle insieme li rende infelici.

Chakra del cuore iperattivo: se le energie nel chakra del cuore diventano iperattive, una persona può diventare molto lunatica e melodrammatica. Queste persone amano gli altri in modo condizionato e hanno uno strano complesso del martire. Possono anche diventare molto esigenti e possessivi. La fiducia rimane un grande problema anche qui, e quindi trovano difficile fidarsi degli altri. Sviluppano l'abitudine di trattenere l'amore e la generosità. La loro personalità diventa maniaco-depressiva e queste persone diventano difficili da sopportare. Tuttavia, internamente, queste persone sono più difficili con se stesse che con gli altri. Sono eccessivamente critici su tutto perché il loro potere di discernimento è debole, e non riescono a vedere il bene negli altri. La pressione alta e le malattie cardiovascolari sono grandi rischi per queste persone.

Problemi di salute relativi al Chakra del Cuore:
Chiaramente, la pressione alta e i problemi di cuore rimangono questioni ad alto rischio. Queste persone possono anche rimanere inclini alle allergie e al sistema immunitario debole. Problemi di respirazione, dolore alla parte superiore della schiena e alle spalle sono anche comuni in queste persone.

Questo è un chakra con un equilibrio molto delicato. Questo chakra cerca continuamente di mantenere l'equilibrio. Si trova tra due opposti polari e serve da asse. Tuttavia, questo è un chakra con un forte lato spirituale. Se questo chakra fiorisce in una persona, le possibilità di raggiungere la coscienza spirituale senza dover effettivamente aprire il chakra superiore sono anche qui molto alte. Questo chakra può aiutare nello sviluppo generale della vostra personalità esteriore e interiore come essere umano. Il chakra del plesso solare ti aiuta ad emergere come un individuo forte e determinato, ma questo chakra ti aiuta a maturare in un essere umano più forte. La distinzione è molto grande. Potete trovare innumerevoli esempi di individui forti che sono stati in grado di ottenere molto nella loro vita, ma il numero di persone tra loro che sono state in grado di maturare come esseri umani maturi è molto limitato. Questo chakra non diventa forte possedendo ricchezze materiali ma con l'aiuto della coscienza spirituale.

Da qui, i tre chakra superiori hanno una classe diversa. Fino a qui, i chakra riguardavano principalmente la vostra personalità come individuo, ed erano più egocentrici. L'autoconservazione e lo sviluppo erano alla base di questi chakra. Tuttavia, i tre chakra superiori hanno obiettivi completamente diversi. Sebbene anche questi chakra vi diano potere e vi aiutino a maturare, essi vi affinano per uscirne come un essere umano più forte.

Questi chakra ti rendono sempre più influente, e i poteri che vengono con questi chakra ti aiutano ad evolvere come persona. Questi chakra cercano costantemente di aumentare il vostro livello di coscienza. I poteri che derivano da questi chakra sono illimitati. Lo sviluppo di questi chakra può renderti una persona diversa. Molto raramente accade che questi chakra diventino potenti in una persona, ma quella persona rimane ancora centrata sul sé. Essi aumentano il vostro potere di espressione, l'intellettualità e la coscienza. Queste tre cose possono sembrare semplici e vaghe qui, ma vedrete che quando sono usate correttamente, possono dare il potere ad una persona di diventare un vero maestro di tutto ciò che si desidera.

Il chakra della gola

Questo quinto chakra del sistema si trova sul gradino più basso dei chakra superiori. Tuttavia, è uno dei chakra più potenti quando si tratta di ottenere poteri e capacità fisiche, intellettuali e di influenza. Questo è il centro dell'acquisizione di abilità, e le persone con il desiderio di ottenere poteri occulti vogliono specificamente ottenere successo su questo chakra.

In sanscrito, la parola 'Vishuddhi' è composta da due parole, 'Visha', che significa veleno, e 'Shuddhi' significa purificare. A questo livello, tutte le impurità portate dai chakra inferiori vengono purificate o filtrate prima di passare ai chakra dei poteri superiori. La posizione fisica di questo chakra è nella gola, come suggerisce chiaramente il nome. Questo chakra è una rappresentazione diretta della divinità indù "Shiva" o "Rudra". Infatti, si propone che l'intero sistema di chakra sia stato ideato da Shiva nella sua forma mortale. Secondo le storie dei Veda, Shiva una volta bevve tutto il veleno del mondo per liberare questo mondo dalle impurità in modo che la vita potesse sopravvivere. Non permise al veleno di scendere nella sua gola, e come risultato, la sua gola divenne blu. È interessante notare che anche questo chakra è rappresentato da un colore blu. È anche il colore che il corpo assume quando viene avvelenato.

L'induismo lo rappresenta sotto forma di un colore blu scuro che la gola di Lord Shiva ha acquisito dopo aver bevuto il veleno. Il Signore Shiva è rappresentato anche con la ghirlanda di un serpente velenoso intorno al collo, denotando l'effetto del veleno in quella regione.

(Immagine della divinità indù Shiva che ghirlanda un serpente intorno al collo. Il colore blu al collo rappresenta anche l'effetto di bere e conservare il veleno in quel punto.)

I Veda indicano la gola come il punto di 'Udan Prana' o il punto da cui inizia il tuo viaggio nella coscienza superiore. È il punto da cui si viaggia in un sonno profondo dal sonno della veglia.

Al chakra della gola, la vostra coscienza inizia ad espandersi molto velocemente. Questo è il chakra dove si impara l'arte di gestire una quantità eccessiva di informazioni e anche la maestria nell'esprimerle.

Questo è considerato uno dei chakra più potenti perché può aumentare incredibilmente la vostra sfera di influenza. Se l'energia sboccia nel vostro chakra della gola, avrete potere su tutti quelli con cui volete comunicare. La storia registrata di tutta l'umanità è la prova che non gli uomini con le spade o le armi ma gli uomini di parole hanno governato questo mondo fino ad oggi. Con la forza, potete controllare alcune persone per qualche tempo, ma con le parole e le idee, potete far sì che il mondo intero esegua i vostri ordini.

Un potente chakra della gola rende anche molto facile imparare cose nuove. Potete facilmente ottenere la padronanza su cose di cui non avete avuto esperienza in precedenza. Questo significa che se volete accedere ai vostri due chakra superiori, è molto importante avere un chakra della gola potente.

Chakra della gola equilibrato: Il più grande potere che deriva da un chakra della gola equilibrato è il potere di comunicare efficacemente. Non hai necessariamente bisogno di parole per comunicare il tuo messaggio. Ci sono diversi modi per comunicare un messaggio. Questo chakra apre semplicemente il portale della comunicazione per te.

Questo chakra ti porta fuori dai vari fusi orari e ti stabilisce nel presente. Questo è un chakra di realtà, purezza e chiarezza. Vi mantiene centrati nel presente. Il vostro senso del tempo e la consapevolezza del presente migliorano considerevolmente. Vi rende un formidabile comunicatore. Troverai senza sforzo facile comunicare il tuo messaggio agli altri. I tuoi pensieri e le tue idee non rimarrebbero vaghi o nascosti.

Le persone con il chakra della gola sviluppato sono grandi comunicatori e artisticamente ispirati. Sarebbero espressivi e prolifici in qualsiasi cosa facciano nella vita personale e pubblica. Questo è il chakra dei leader mondiali.

Tuttavia, i poteri in questo chakra significherebbero anche che sareste meno preoccupati del vostro io e più degli altri. La contentezza è una cosa che viene naturale con questo chakra. Quando questo chakra fiorisce in qualcuno, i guadagni personali iniziano a sembrare obiettivi insignificanti. Una chiara comprensione dei concetti spirituali si sviluppa negli individui con un potente chakra della gola. Tali persone sono in grado di sperimentare facilmente i poteri divini. Diventano capaci di gestire energie superiori. Saranno anche in grado di gestire e utilizzare la loro energia sessuale in modo migliore. Bilanciare questo chakra è molto importante prima di iniziare a lavorare sul chakra del terzo occhio, o i poteri possono facilmente sfuggire di mano.

Chakra della gola debole: Una bassa energia in questo chakra sarebbe chiaramente visibile sotto forma di scarsa capacità di comunicazione. La persona apparirebbe come una persona timida ed eccessivamente tranquilla che non ha la capacità di esprimersi bene. Queste persone possono anche essere molto incoerenti e inaffidabili. Possono avere uno scarso senso del tempo e possono preferire vivere nel passato o nei sogni. Possono trovarsi costantemente all'incrocio tra sesso e religione. Non sarebbero in grado di incanalare correttamente la loro energia sessuale. Il nervosismo e la natura subdola sono anche un chiaro indicatore di queste persone.

Chakra della gola iperattivo: L'energia a questo livello diventa naturalmente molto intensa, e quindi se diventa iperattiva, la persona può apparire molto dominante sessualmente e in altro modo. Può diventare difficile trovare il giusto sfogo per questa energia. Queste persone diventano facilmente presuntuose, e diventa molto difficile convincerle di qualcosa. Possono diventare molto dogmatiche, e non ci possono essere molti modi per cambiarle in pragmatismo finché l'equilibrio energetico non viene ristabilito. Possono diventare eccessivamente loquaci perché la comunicazione è un dono naturale. Tuttavia, queste persone diventano inclini a tendenze di dipendenza poiché ci sono poche cose che possono soddisfare i loro appetiti fisici e intellettuali.

Problemi di salute relativi al chakra della gola: poiché questo chakra è direttamente collegato alla gola e influenza la ghiandola tiroidea, può portare a problemi alla tiroide e alla gola. Ulcere alla bocca, problemi alle gengive, laringite e mal di gola cronico sono anche alcuni problemi comuni.

Il chakra della gola è un importante punto di controllo per tutte quelle persone che vogliono lavorare sui loro chakra superiori. È altamente consigliabile per queste persone lavorare sinceramente sul loro chakra della gola. Questo chakra non solo può migliorare la vostra comprensione delle energie con cui avrete a che fare, ma vi prepara anche a sopportarle.

È un centro di potere di apprendimento e di sviluppo delle abilità. Con un potente chakra della gola, imparare nuove cose può diventare incredibilmente facile per qualsiasi persona. La conoscenza arriva rapidamente e senza sforzo. Il dono della comunicazione chiara è un altro vantaggio che viene con questo chakra. Se vi piace parlare in pubblico o se fate una professione in cui avete bisogno di interagire con gli altri, lavorare su questo chakra è un must per voi.

Il chakra del terzo occhio

Questo è il sesto chakra e indiscutibilmente il chakra più ricercato nel sistema dei 7 chakra. Ci sono diverse ragioni per una così grande popolarità di questo chakra. L'umanità è sempre stata affascinata dal misticismo. Teme ma si sente attratto da ciò che non può controllare o comandare. Anche i poteri del chakra del terzo occhio sono di tale natura. Discuteremo anche questo chakra in modo più dettagliato per chiarire un po' di confusione e spiegare le ragioni della popolarità di questo chakra.

Prima di tutto, la gente si sente attratta da questo chakra perché può aiutare ad aumentare i poteri psichici della persona che ha un chakra del terzo occhio attivo. Qui, le persone hanno alcune grandi idee sbagliate sull'attivazione del chakra del terzo occhio. L'attivazione del chakra del terzo occhio non è un compito molto difficile. Se il chakra del terzo occhio è bloccato, è possibile riaprirlo o riattivarlo attraverso una dieta corretta, la meditazione e con l'aiuto di una persona che ha un chakra del terzo occhio attivo, ecc.

Questo non richiede molto tempo o non è una cosa molto difficile da fare. La gente semplicemente continua a correre dietro ai modi per attivare questo chakra. La parte importante è gestirlo una volta attivato. Il chakra del terzo occhio non è la porta della vostra cassaforte o del vostro frigorifero che può essere aperta e chiusa a volontà. Una volta aperto, rimarrà aperto per un certo tempo e richiederebbe uno sforzo uguale, se non di più, per chiuderlo. Tuttavia, una volta aperto, non c'è modo per voi di sfuggire ai poteri che vengono con questo chakra, e credetemi, per il 99% delle persone che aprono il loro chakra del terzo occhio, questo potere diventa il vero problema.

Ottenere un potere psichico non significa semplicemente una capacità di guardare nel passato e nel futuro a volontà. Significa anche un viaggio incontrollabile nelle aree in cui non volete andare. Inizialmente, non avrete davvero alcun controllo sulle cose che potreste vedere. I poteri psichici sono una manna, ma solo per le persone che li hanno praticati per decenni e li hanno acquisiti lentamente.

Si può avere una grande simpatia per il cioccolato, ma vi piacerebbe essere gettati in un pozzo di cioccolato caldo da cui non c'è modo di uscire.

Un altro problema è l'interazione con le energie. Quando il vostro terzo occhio si apre, il vostro senso di percezione si moltiplica centinaia di volte. Questo significa che sarete in grado di sentire le energie intorno a voi. Tuttavia, questa è solo una parte dell'accordo. Questo significa anche che le energie intorno a voi saranno anche in grado di sentirvi con la stessa intensità. Ci possono essere energie bloccate in questo mondo per periodi molto lunghi senza nessuno con cui interagire in cerca di qualche forma di espressione. Voi diventereste un mezzo per loro. Non potete controllare il tipo di energie che interagiscono con voi, e tutte possono non essere positive. In effetti, la maggior parte di esse potrebbe non essere positiva. Gestire questo 24X7 può essere un ordine molto alto, e posso dire con un grande grado di fiducia che non sareste preparati ad affrontarlo. Alcune persone possono imparare ad affrontarlo in qualche modo, ma per la maggior parte delle persone, può essere come vivere in un incubo perpetuo senza possibilità di uscirne. Questo è un motivo per cui un numero molto alto di queste persone sviluppa disturbi psicologici, ma queste cose non vengono menzionate.

Questo potere ha un grande prezzo. La tua mente non rimane tua, almeno non per un periodo di tempo ragionevolmente lungo. Potreste dover affrontare molte cose. Ogni potere che viene con l'attivazione del terzo occhio ha un costo simile.

Sento che è di nuovo molto importante ribadire che man mano che si sale la scala dei chakra, l'intensità esperienziale aumenta in modo multiplo. Potreste non essere pronti ad affrontarla, e quindi muovervi senza preparazione può essere simile al desiderio di morte.

Ultimo ma non meno importante, il terzo occhio chakra porta con sé una sensazione di completo o totale distacco da questo mondo. Una persona con un terzo occhio aperto e attivo non avrebbe alcun interesse nelle attrazioni di questo mondo. Questo chakra apre le porte della liberazione intellettuale e spirituale e della coscienza superiore. Significa che non appena questo chakra diventa pienamente funzionale, tutti i tuoi desideri di ottenere qualsiasi tipo di beneficio materiale o monetario andranno via. Il tuo obiettivo primario diventerebbe quello di trovare le risposte alle domande più complesse e importanti riguardanti questo mondo e la vita.

Questo significa che non si dovrebbe perseguire il chakra del terzo occhio?

Non volevo assolutamente dire questo. Il chakra del terzo occhio è il secondo chakra più potente del sistema dei 7 chakra. Infatti, secondo i Veda, è l'ultimo chakra che potete attivare con la vostra volontà e pratica. È un chakra che aprirà le porte della coscienza superiore. Può aiutarvi a connettervi con l'ottenimento, e otterrete le risposte alle domande che cercate da sempre. Dovreste sicuramente lavorare per aprire questo chakra; voglio solo dire che non si dovrebbe aprire questo chakra senza la preparazione o il bilanciamento di altri chakra. La seconda cosa, quando si cerca di aprire questo chakra, ottenere poteri psichici non dovrebbe essere il vostro obiettivo finale. Dovete rimanere sicuri che arriveranno automaticamente come sottoprodotto, che lo desideriate o no. La vostra attenzione dovrebbe rimanere sul diventare un abile portatore di quei poteri come e quando arrivano.

Il chakra del terzo occhio si trova nella parte più profonda, di cui la gente non sa molto e non ha nemmeno le risorse per scoprirlo. Anche se una persona che ha il terzo occhio aperto vi racconta un'esperienza personale, questo significherebbe poco per voi perché la vostra esperienza potrebbe essere totalmente diversa. Potreste avere a che fare con un tipo di energia completamente diverso. Tutto questo può lasciarvi in completo shock e persino oltre il punto di recupero.

Quindi, la domanda pertinente è:

Qual è il modo migliore per iniziare l'attivazione del terzo occhio?

- Iniziare sempre dall'inizio.
- Non saltare i gradini.
- Prestare attenzione ad ogni passo
- Assicurati che tutti gli altri chakra del tuo corpo siano in sincronia
- Soprattutto lavorate molto duramente sul vostro chakra della radice. Un chakra della radice debole può lasciarvi davvero spaventati e deliranti. La vostra mente può riempirsi di paure che sarebbero molto difficili da affrontare.
- Assicuratevi che il vostro chakra del cuore funzioni molto bene. Un chakra del cuore mal equilibrato può anche causare paure.
- Date al vostro chakra della gola quasi la stessa quantità di tempo che avete dato a tutti i chakra inferiori messi insieme. Questo chakra può permettervi di trattenere correttamente una tale quantità di energia.
- Mantenete la mente e il cuore puri quando iniziate a lavorare sul chakra del terzo occhio.
- Non avere cose negative nella tua mente perché possono iniziare a moltiplicarsi.
- Pensa solo alle cose positive e augura il bene a tutti.

- Non desiderare o pensare nulla di male nemmeno per il tuo peggior nemico.
- Non prendere nessuna scorciatoia per aprire il chakra del terzo occhio
- La meditazione è il modo migliore per aprire il chakra del terzo occhio
- È anche il modo più lungo perché richiede molto tempo
- Tuttavia, dà alla tua mente la stabilità e la contentezza necessarie
- Purifica le tue emozioni e ti calma
- La meditazione rimuove anche la paura dal tuo cuore e dalla tua mente

Un punto MOLTO IMPORTANTE

- Non sfidare troppo la fortuna
- Lasciare che le cose accadano da sole e al loro ritmo

Avrete notato che la maggior parte dei sensitivi affermati hanno ottenuto i loro poteri per caso. Non hanno fatto nulla inizialmente per ottenere quei poteri. Per la maggior parte di loro, è successo come uno strano incidente. Poiché è venuto come un incidente, non hanno avuto aspettative da esso, e quindi la maggior parte di loro sopravvive. Tuttavia, anche loro affrontano problemi all'inizio. Ma, quando cercate di ottenere questi poteri, state invariabilmente pensando all'uso di questi poteri, e questo stesso pensiero può diventare la causa dell'intero problema.

Il chakra del terzo occhio può aprirsi in qualsiasi momento dell'adolescenza. Tutti noi lo abbiamo aperto in una certa misura. Il sesto senso che abbiamo tutti e che ci avverte delle minacce percepite è una caratteristica di questo terzo chakra dell'occhio. A causa di diverse ragioni, questo chakra può bloccarsi, e potreste anche doverci lavorare costantemente per mantenerlo aperto. Déjà vu, premonizioni, sensazioni viscerali e il sesto senso, sono tutti nomi di poteri minori che vengono con l'apertura del chakra del terzo occhio. Può anche aprirsi da solo in momenti di pericolo.

Il terzo occhio non è un occhio fisico. È un occhio onniveggente che si apre verso l'interno.

L'induismo rappresenta questo terzo occhio come un occhio fisico sulla fronte di Shiva. Si crede che sia abbastanza potente da distruggere il mondo se il signore Shiva sceglie di aprirlo verso l'esterno.

(Immagine della divinità indù Shiva con un terzo occhio fisico scolpito al centro della fronte, seduto in una posa meditativa.)

Il terzo occhio dà un più alto senso di percezione e chiarezza di visione. Può portare con sé poteri come la telepatia, l'intuizione, le capacità psichiche e la coscienza superiore. Una persona con un terzo occhio aperto avrà la realizzazione del suo pieno potenziale. Aumenterà le capacità mentali come la memoria, l'acutezza, l'attenzione e la concentrazione.

Il significato sanscrito della parola "Ajna" è "comandare". Questo chakra ha la capacità di comandare varie funzioni del corpo. Poiché questo chakra è il secondo più alto nell'ordine dei 7 chakra, ha una maggiore influenza sugli altri chakra. Uno squilibrio in questo chakra può causare grandi problemi.

Tuttavia, finché questo chakra rimane chiuso, non causa molti danni a nessuno. È solo quando l'equilibrio energetico in un chakra del terzo occhio attivo viene disturbato che iniziano i problemi.

Chakra del terzo occhio equilibrato: questo è il chakra del completo distacco. Una volta che questo chakra si apre veramente in qualcuno, porterà via tutti i sentimenti di attaccamento a questo mondo. Questo è il chakra della coscienza superiore e apre le porte della liberazione intellettuale e spirituale. Liberazione e attaccamento non possono andare di pari passo. Questo chakra porterà via ogni tipo di paura dal tuo cuore e dalla tua mente. Anche la paura della morte non significherebbe molto, poiché renderebbe chiara la distinzione tra la vita e la morte. Innalza la vostra coscienza cosmica. Questo chakra vi renderà sicuramente carismatici.

Chakra del terzo occhio debole: Un chakra del terzo occhio debole può renderti indeciso, indisciplinato, non assertivo, timoroso dei successi o dei fallimenti, debole di volontà, permaloso, paranoico e persino schizofrenico.

Chakra del terzo occhio iperattivo: un'energia eccessiva in questo chakra può rendere una persona dogmatica, tirannica, orgogliosa, fondamentalista o fanatica.

Problemi di salute relativi al Chakra del Terzo Occhio: disturbi neurologici, psicosi, convulsioni, cecità/sordità e ictus possono essere visti in persone con squilibri in questo chakra.

Il chakra della corona

Questo è il settimo chakra nel sistema dei 7 chakra e il più alto in ordine. Ci sono cose molto interessanti su questo chakra. È pieno di misteri e di misticismo.

Il significato della parola sanscrita 'Sahasrara' significa mille petali. Tuttavia, se lo si considera in termini di scrittura di 1000 anni fa, significherebbe innumerevoli petali. A questo livello di chakra, tutto è semplicemente speculazione.

I Veda hanno spiegato diversi modi per raggiungere dal 1° chakra al 6° chakra, ma non c'è un modo specifico per raggiungere o aprire il 7° chakra. Per aprire questo chakra, non è stato detto alcun modo specifico.

Questo significa che questo chakra non può essere aperto o attivato?

Assolutamente no. Infatti, molti saggi hanno dato resoconti in cui sono stati in grado di attivare e raggiungere questo chakra e la coscienza. Hanno semplicemente detto che è impossibile spiegare il percorso per aprirlo. Dal sesto chakra al settimo, non c'è alcun percorso. Nelle parole dell'acclamato insegnante e maestro spirituale SadhguruJaggi Vasudev, dal sesto chakra al settimo chakra, è un sentiero senza sentiero. Uno deve trovare il proprio sentiero attraverso il potere della coscienza intellettuale e spirituale acquisita.

I Veda affermano che al 6° chakra avrete ottenuto tutto ciò che avreste voluto ottenere. Non c'è nulla in termini di raggiungimento che si possa ottenere al 7° chakra. Questo chakra non è dotato di poteri mistici che incantano la gente. È semplicemente una porta verso una conoscenza infinita e rara della coscienza superiore e della liberazione. È un sentiero sul quale non c'è certezza di ritorno. Una volta arrivati lì, si può non voler tornare, o il ritorno può diventare inutile. Una volta che si sa cosa c'è, sapere o vedere qualsiasi altra cosa può diventare del tutto irrilevante. È un certo percorso di completo distacco.

Sahasrara significa migliaia di petali o grandezza illimitata. Questi petali illimitati sono le porte della conoscenza. Sono porte o vie di liberazione. Nella religione indù, la pace non è il fine ultimo del genere umano. I Veda dicono che il fine ultimo è ottenere la liberazione da questo ciclo di nascita e morte. L'obiettivo dell'espansione della coscienza umana è quello di risolvere le questioni più ampie dell'universo. La gente crede che una volta che questo chakra si apre completamente, conoscere qualsiasi cosa diventa facile. La tua coscienza e la coscienza dell'universo diventano a questo punto una cosa sola.

La gente ha provato per secoli e ha trovato alcune linee guida che possono aiutare ad aprire questo chakra.

Questo chakra è semplicemente un mezzo per connettersi alla forza divina. Anche nei Veda, il settimo chakra non è descritto come un mezzo per incontrare qualche dio o divinità. È semplicemente descritto come un modo per unirsi alla forza divina in qualsiasi forma essa arrivi. Il viaggio verso il settimo chakra non è in alcun modo intellettuale o religioso; è puramente spirituale.

Tuttavia, dovete essere prudenti perché questo è il chakra più potente di tutti. La quantità di energia a questo livello può diventare molto difficile da gestire per chiunque se questo percorso si apre accidentalmente.

I Veda collocano la posizione fisica di tutti gli altri sei chakra all'interno del nostro corpo; questo è l'unico chakra che si dice sia situato fuori dal nostro corpo. Si dice che la posizione fisica di questo chakra sia circa sei pollici sopra il centro del nostro cranio. Questo chakra è al di fuori del nostro corpo e tuttavia ci influenza molto fortemente. Pertanto, mentre ci si muove verso questo chakra, si deve rimanere cauti.

Chakra della corona equilibrato: l'energia equilibrata nel chakra della corona può aiutarti a stabilire una connessione con il divino. Può mettervi sulla via della liberazione, che è l'obiettivo dell'apertura di questo chakra. Può darvi accesso diretto all'inconscio, così come al subconscio. La gente ipotizza che anche le leggi fondamentali della natura possano non avere importanza a questo livello. Otterrete una completa consapevolezza della morte, e diventerà irrilevante per voi. Ad alcuni piace anche credere che una persona con un chakra della corona aperto e attivo possa essere in grado di fare cose che forse fanno miracoli per la gente comune.

Chakra della corona debole: Anche se abbiamo poca conoscenza delle cose che si possono ottenere dopo aver sbloccato il chakra della corona, i pericoli dello squilibrio energetico sono ben noti. Se le energie sono deboli in questo chakra, possono far sentire una persona completamente abbattuta. Quella persona può sperimentare una completa mancanza di gioia e può anche diventare poco comunicativa. Diventare catatonici è anche una possibilità che alcune persone prevedono. Tuttavia, una tale persona avrebbe sicuramente problemi nel prendere decisioni, poiché colpisce le capacità cognitive necessarie per discernere tra bene e male o giusto e sbagliato.

Chakra della Corona iperattivo: energie eccessive in questo chakra possono lasciare una persona molto frustrata. Il livello di intensità a questo livello è così alto che non si vorrebbe scherzare con esso. Potresti sentire di avere un potere non realizzato ma non sapresti come scoprirlo, e questo potrebbe causare più frustrazione. Emicranie frequenti, tendenze distruttive, disturbo maniacale-soppressivo fino al comportamento psicotico, la lista dei problemi può essere lunga e ampia.

Problemi di salute relativi al Chakra della Corona: I problemi in questo chakra possono portare a disturbi cognitivi. Depressione mistica, estrema sensibilità alla luce, al suono e all'ambiente, e malattie del sistema muscolare sono alcuni dei problemi che possono sorgere a causa di uno squilibrio delle energie in questo chakra.

Capitolo 7: Le ragioni del blocco o dello squilibrio dei chakra e i modi in cui influisce sulla tua vita

I chakra sono corpi di energia sottile. I sette chakra come li conosciamo non sono all'interno del nostro corpo, e quindi non vengono bloccati. Tuttavia, ogni chakra maggiore rappresenta 16 chakra minori che sono presenti all'interno del corpo. È il blocco in questi chakra che porta al blocco energetico generale.

Per sviluppare una comprensione chiara, è molto importante che comprendiate la causa del blocco. Prima di questo, è anche importante che comprendiate chiaramente "l'energia".

Tutti i sistemi energetici credono all'unanimità che ci sia una certa forza che scorre all'interno e ci fa funzionare. Questa energia è conosciuta con diversi nomi come Chi, Qui o Ki. Nel sistema *indiano-pranico*, questa energia è conosciuta come *'Prana'* o forza vitale.

I Veda dicono che su milioni di nervi, ci sono 72000 nervi principali che facilitano il flusso di questo prana in tutto il corpo. Questo prana scorre attraverso questi nervi in 112 giunzioni cruciali nel corpo, e queste giunzioni sono conosciute come "chakra". Questi chakra sono molto importanti perché influenzano direttamente il flusso di energia fisica, emozionale, intellettuale e spirituale all'interno del corpo.

Tuttavia, poiché influenzano il flusso di queste energie, questi chakra possono anche essere influenzati da varie pressioni fisiche, emotive e mentali e spirituali.

Pertanto, il flusso di energia *pranica* nel vostro corpo o *prana* può essere influenzato da problemi emotivi, fisici e mentali. I chakra hanno una forte influenza su queste aree, ma anche l'aspetto fisico dei chakra può esserne influenzato.

È possibile che qualsiasi chakra si intasi fisicamente. Se il vostro corpo viene fisicamente danneggiato in qualsiasi modo, questo porterà all'intasamento dei chakra, poiché il flusso del *prana* ne sarà influenzato. Il *prana* è un'energia sottile che scorre nel vostro corpo, proprio come il sangue scorre nelle vostre vene.

Se la vostra mente è disturbata, ostacolerà anche il flusso di questa energia sottile. Il *prana* in questi casi si concentra maggiormente sulla risoluzione dei problemi mentali, e il suo flusso ne risente. Allo stesso modo, anche i problemi emotivi hanno un impatto molto forte sul flusso regolare del *prana* nel corpo.

Perciò, se soffrite di qualche malattia cronica o siete stati in costante dolore fisico, ciò avrà un profondo impatto su questo flusso di energia *pranica*. È una cosa molto naturale che accada. La tradizione vedica crede nel risolvere la causa e non nel trattare il sintomo. Se iniziate la vostra missione di correzione dei vostri chakra in questa fase, avrete pochissimo successo anche dopo un lavoro molto duro. La ragione è semplice; la causa del blocco dei chakra nel vostro corpo rimarrebbe inalterata. Dovrete prima affrontare il problema fisico.

Le ragioni principali del blocco dei chakra sono, tuttavia, emotive piuttosto che fisiche. Alcuni dei problemi comuni che causano il blocco dei chakra o lo squilibrio energetico nei chakra sono:

- Problemi emotivi irrisolti
- Risentimenti di lunga data
- Incapacità di rilasciare le emozioni negative o incapacità di trovare uno sfogo
- Stress
- Ansia
- Paura
- Programmazione affrontata mentre si è cresciuti
- Restrizione auto-imposta
- Abuso
- Eventi traumatici passati
- Emozioni represse
- Stress eccessivo sulla madre mentre il bambino non era ancora nato

L'ultimo punto può sembrare strano, ma sareste stupiti di sapere il numero di persone che hanno i chakra bloccati perché le loro madri erano sottoposte a grande stress quando erano ancora nel grembo materno. Questo è uno dei motivi principali per cui si consiglia alle madri in attesa di rimanere senza stress e felici. Il loro stato emotivo e mentale influenzerà direttamente i loro figli.

Un'altra ragione principale del blocco dei chakra è la nostra abitudine di rimandare le nostre piccole gioie per domani. Mentre lottiamo nella nostra educazione, lavoro e carriera, fissiamo una data successiva per essere felici. Potreste conoscere alcune persone che dicono che si divertiranno quando andranno in pensione e quindi lavorano più del dovuto nel presente. Mettono in gioco tutta la loro felicità. I bambini ipotecano la loro felicità presente per un momento in cui passeranno vittoriosi. Tutte queste cose portano ad emozioni represse. Non ce ne rendiamo conto, ma queste cose mettono sotto pressione la nostra energia *pranica*.

Il sangue scorre nelle tue vene continuamente. Non puoi rimandare a domani. Hai continuamente bisogno di respirare e inalare *Prana Vayu* o aria. Non puoi rimandare per un giorno successivo. Allo stesso modo, anche il *prana* scorre continuamente e non può essere messo in attesa. Tuttavia, c'è una grande differenza tra il sangue e il *prana*. Il sangue è fluido e fisico, e ha un meccanismo che lo spinge ad un ritmo costante, mentre il *prana* è energia. Il flusso della vostra energia dipenderà dal vostro stato mentale ed emotivo. Se vi sentite felici e stabili, il flusso di energia sarà buono e forte perché l'energia sarà eccitata. Tuttavia, quando ci sono molte emozioni represse, stress, ansia e tristezza, questa energia *pranica* si abbassa e il flusso diventa scarso. Questo causerà una bassa energia.

La ragione per cui ci concentriamo solo sui 7 chakra principali e non sui 112 chakra minori è solo questa. Non avrete un sistema per capire quale chakra sta affrontando una bassa energia e non avrete un meccanismo per affrontare quel chakra in modo tempestivo ed efficace.

I 7 chakra principali sono collegati ai 112 chakra attraverso le ghiandole endocrine. Le ghiandole endocrine sono ghiandole senza condotto, cioè hanno la capacità di influenzare le funzioni corporee attraverso messaggeri chimici chiamati ormoni. Questi 7 chakra influenzano anche i centri nervosi cruciali che sono collegati ai 112 chakra minori.

I sette punti chakra principali agiscono semplicemente come punti di digitopressione nel vostro corpo che possono aiutare a mettere in moto questo cambiamento.

Ci sono diverse cose che potete fare per prevenire il blocco dei chakra o per minimizzare le possibilità di tali blocchi:

- Cerca di rimanere gioioso

- Vivi il presente, non rimandare la tua felicità a domani
- Cercare di affrontare le questioni emotive irrisolte il più presto possibile
- Non serbare rancore verso gli altri, se non puoi fare altro, perdonali e vai avanti
- Non bloccatevi sulle cose. Porta via un sacco di *energia pranica*
- Cerca di rilasciare quanta più energia negativa possibile
- Fai la meditazione regolarmente; ti aiuterà ad affrontare la maggior parte di questi problemi
- Fare yoga o altri esercizi simili
- Rimanere fisicamente attivi
- Fatti curare per i problemi fisici e non ignorare il dolore cronico
- Prendi dei provvedimenti per ridurre lo stress e l'ansia nella tua vita
- Cercare aiuto per affrontare eventi traumatici passati nella sua vita
- Supera il tuo passato
- Imparare a lasciar andare e andare avanti il più velocemente possibile
- Cerca di portare gioia nella vita degli altri, l'energia positiva e le benedizioni degli altri possono aiutare molto a portare equilibrio nella tua energia pranica

Il blocco dei chakra è un disturbo energetico, e può accadere per una serie di ragioni. Non c'è bisogno di agitarsi per il latte diviso nella vita. La cosa importante da fare è affrontare questi problemi e ripristinare l'equilibrio dell'energia nella vita.

La maggior parte di noi continua ad incolpare gli altri per i problemi che abbiamo. Dimentichiamo che il dolore che sopportiamo non è causato da loro, ma è dovuto al rancore che nutriamo nei loro confronti. Smettiamo di cercare di superare quel dolore o quel disagio perché vogliamo mantenere quel rancore o aumentarne l'intensità. Ci farà ancora più male e non influenzerà nemmeno un po' quella persona.

È molto importante imparare l'arte di perdonare e andare avanti. L'energia dei chakra è reale e ha manifestazioni fisiche. Finché continuerete a trattarla come un concetto mitico, non sarete in grado di ottenere i suoi benefici. Provate a vederla in termini reali e pratici, e tutto ciò che riguarda i chakra si rivelerà vero.

Capitolo 8: Significato del bilanciamento e del risveglio dei chakra

Il bilanciamento dei chakra e il risveglio sono due cose diverse. C'è molta confusione su entrambi i concetti, e di solito vengono confusi e persino usati in modo intercambiabile. Questo capitolo vi aiuterà a chiarire la confusione.

Ci sono diversi stati in cui i Chakra possono essere nel tuo corpo:

Chakra aperti: Sei chakra dei sette si aprono nel tuo corpo con il tempo. È un processo naturale. C'è un'età stabilita per l'apertura dei chakra.

No.	Chakra	Orientamento	Questione centrale	Identità	Età
1	Chakra della radice	Autoconservazione	Sopravvivenza	Identità fisica	Fino a 1 anno
2	Chakra sacrale	Autogratificazione	Sessualità	Identità emotiva	Fino a 2 anni

3	Chakra del plesso solare	Autodefinizione	Potenza	Identità dell'ego	Fino a 5 anni
4	Chakra del cuore	Auto-accettazione	Amore	Identità sociale	Fino a 8 anni
5	Chakra della gola	Auto-espressione	Comunicazione	Identità creativa	Fino a 12 anni
6	Chakra del terzo occhio	Auto-riflessione	Intuizione	Identità archetipica	Adolescenza
7	Chakra della corona	Conoscenza di sé	Consapevolezza	Identità universale	Sull'esperienza

Pertanto, vedrete che sei dei sette chakra hanno il loro tempo stabilito per aprirsi. L'età indicata nella tabella qui sopra è l'età di sviluppo di questo chakra o sistema energetico. A partire da questa età, il sistema diventa funzionale. Ciò significa che se volete lavorare sul chakra della gola all'età di 4 anni, potreste non ottenere un grande successo. Non è impossibile aprire questo chakra prima, ma l'età ottimale di sviluppo di un chakra specifico è data. Solo il settimo chakra non ha un'età di sviluppo specifica. È un chakra esperienziale, ed è sempre presente lì. Dovrete raggiungere quel livello di coscienza per aprirlo.

Chakra attivi: Un'altra grande preoccupazione riguarda i chakra attivi. Un chakra attivo è quello attraverso il quale avviene un flusso costante e sano di trasferimento di energia. Questo generalmente avviene nella maggior parte dei chakra fino a quando non vengono bloccati a causa di qualche ragione specifica. Tuttavia, i chakra possono non trasferire l'energia molto attivamente. Con il tempo, lo stress, le emozioni represse, il livello di trasferimento di energia scende. Per essere considerato un chakra attivo, deve avere un livello ottimale di trasferimento di energia. Anche i chakra intasati facilitano un certo grado di trasferimento di energia. Questo non li rende realmente attivi. Un chakra attivo è quello attraverso il quale il trasferimento di energia avviene rapidamente.

Risveglio dei chakra: È il processo di ripristino del flusso di energia in un chakra. Quando un chakra è rimasto dormiente per molto tempo, il processo di renderlo attivo è noto come risveglio.

Chakra bloccati/intasati: I chakra bloccati o intasati sono quelli in cui il flusso di energia non avviene correttamente. I chakra possono essere bloccati o intasati a causa di una serie di ragioni. Problemi emotivi, mentali e fisici possono portare al blocco/intasamento dei chakra. Tali problemi possono essere risolti attraverso il bilanciamento dei chakra.

Guarigione/equilibrio dei chakra: La guarigione dei chakra è il processo di ripristino dell'equilibrio energetico in un chakra. Ci possono essere diversi modi impiegati per guarire/equilibrare i chakra.

- La meditazione è un buon modo per ripristinare l'equilibrio energetico nei chakra.
- Potete anche farlo attraverso lo yoga, il ti-chi o altri metodi simili.
- Cristalli e oli essenziali possono anche aiutare a ripristinare il flusso di energia e a guarire un chakra che funziona lentamente.
- Il reiki è un altro modo per avviare il flusso di energia in un chakra.
- Apportare alcuni cambiamenti positivi nel tuo stile di vita è anche un buon modo per ripristinare e mantenere l'equilibrio dei chakra

L'equilibrio energetico dei chakra viene influenzato dalle vostre azioni quotidiane e dai processi di pensiero. Forse non lo sapete, ma le cose che avete in mente o le azioni che eseguite influenzano il flusso di *Prana Vayu* o energia vitale nel vostro corpo, potete anche considerarlo un equivalente della respirazione. Per esempio, quando sei eccitato, il tuo respiro diventa rapido, questo cambia il modo in cui il *prana* scorre attraverso il tuo sistema nervoso. Allo stesso modo, se sei molto calmo e rilassato, il tuo respiro diventerà molto profondo, non ci sarà tensione nei nervi, e non ci sarà bisogno di dirigere il *prana* verso una parte specifica del corpo. Quindi, il flusso del *prana* sarebbe regolare. Pertanto, i nostri pensieri e le nostre azioni quotidiane hanno un profondo impatto sui chakra. Se volete mantenere un flusso regolare di energia, potete seguire alcune semplici abitudini per mantenere i vostri chakra allineati.

I prossimi capitoli vi aiuteranno a capire in dettaglio i modi per guarire i vostri chakra. Avrai anche dei consigli di vita quotidiana per guarire i tuoi chakra bloccati.

Questo libro coprirà 5 modi facili ed efficaci per guarire i chakra e mantenerli in equilibrio.

1. Yoga Asanas (posture yoga)
2. Cristalli per guarire i chakra e i modi per usarli
3. Oli essenziali per guarire i chakra bloccati
4. Suggerimenti di vita quotidiana per ripristinare e mantenere l'equilibrio energetico
5. Meditazione - Questo libro vi darà sessioni di meditazione guidata individuale per la guarigione e il bilanciamento di ogni chakra

Inoltre, questo libro coprirà anche brevemente il Reiki, dato che puoi anche prendere l'aiuto dei guaritori Reiki per aprire i tuoi chakra bloccati all'istante o ripristinare l'equilibrio energetico.

Capitolo 9: Metodi di guarigione e bilanciamento dei chakra

1. Meditazione

La meditazione è uno dei modi più accurati per guarire ed equilibrare i chakra. I Veda danno molta importanza alla meditazione. A differenza del mondo occidentale, i Veda non considerano la meditazione come un modo per calmare la mente o sistemare le chiacchiere della mente. I Veda considerano la meditazione come il modo più concreto per connettersi alla propria coscienza interiore. Con l'aiuto della meditazione, si può costruire un focus affilato come un rasoio e indirizzare le proprie energie nelle aree specifiche dove è necessario. Non c'è altro modo per guarire ed equilibrare i chakra in modo così accurato.

La meditazione è considerata un mezzo superiore per diverse ragioni.

In primo luogo, è un processo interno per incanalare l'energia. Non richiede alcun aiuto esterno.

In secondo luogo, porta i cambiamenti gradualmente, e quindi i vostri centri energetici hanno il tempo necessario per adattarsi. Non c'è un cambiamento improvviso e rapido di energia, che a volte può essere motivo di preoccupazione.

In terzo luogo, la meditazione aumenta la vostra attenzione sulle vostre energie sottili e sui centri energetici. Questo previene anche i frequenti blocchi.

Quarto, i chakra hanno un equilibrio energetico molto delicato. I medium esterni usati per guarire i chakra possono anche causare più danni, poiché non c'è modo di giudicare l'esatta quantità di spinta energetica richiesta. Di solito funziona per tentativi ed errori attraverso mezzi esterni, e la vostra ipotesi potrebbe essere giusta quanto la mia. Tuttavia, la meditazione porta i cambiamenti in modo molto sottile senza causare alcun disturbo al flusso energetico degli altri chakra.

Quinto, è una pratica salutare per mantenere il corpo e la mente in sincronia. Calma la vostra mente e calma anche le vostre emozioni. Praticando la meditazione, sarete in grado di dare uno sbocco alle vostre emozioni represse. Anche lasciar andare i ricordi del passato e i pensieri regressivi diventa più facile.

I benefici dell'uso della meditazione sono molti.

2. Yoga

Per il mondo occidentale, lo yoga è principalmente un modo per rimanere fisicamente e mentalmente in forma. Tuttavia, il *sistema Pranics* indiano o il sistema vedico lo considerava molto di più.

Nel sistema vedico, lo Yoga ha 8 braccia.

1. Yama (codici morali)
2. Niyama (Autopurificazione e studio)
3. Asana (Postura)
4. Pranayama (controllo del respiro)
5. Pratyahara (controllo dei sensi)
6. Dharana (Concentrazione)
7. Dhyana (Meditazione)
8. Samadhi (Assimilazione con l'energia universale)

Come potete vedere, le prime quattro parti riguardano il controllo del corpo e della mente. Affrontano i problemi che vengono affrontati dal corpo. Attraverso varie posture, il controllo del respiro e l'autopurificazione, rendete il vostro corpo sano e in forma. Queste cose vi danno il potere di mantenere il vostro corpo allineato.

Il resto delle quattro parti dello yoga non sono fisiche ma riguardano più lo sviluppo mentale ed emotivo. Come potete vedere qui, la settima parte dello yoga è la meditazione. Quindi, sia lo yoga che la meditazione sono usati per lo stesso obiettivo. Fanno parte della stessa sequenza. Come potete vedere, anche nello Yoga, l'obiettivo finale è quello di diventare uno con l'energia universale. Nella cultura vedica, tutte le parti portano alla fine ad un solo obiettivo, e cioè la liberazione finale del corpo, della mente e dello spirito.

Tuttavia, nello yoga, ci sono specifiche asana o posture che possono aiutarvi a mettere la giusta pressione sui chakra richiesti. Puoi anche fare yoga per mantenere bene i tuoi chakra.

3. Guarigione del cristallo

La guarigione con i cristalli è un modo semplice di guarire lo squilibrio energetico usando le pietre. Vi chiederete come può una pietra, un oggetto inanimato, correggere un equilibrio energetico all'interno del corpo. Può sembrare una superstizione.

Ora, pensate all'uranio. È anch'esso un oggetto inanimato, eppure, se gli stai vicino, puoi ottenere danni irreparabili al tuo corpo e alla tua mente. Non c'è nemmeno bisogno di toccarlo o di entrare in contatto diretto con esso. Si può semplicemente rispondere che è un materiale radioattivo, ed è per questo che ci colpisce. La natura radioattiva è anche una forma di energia. Ogni oggetto in questo mondo ha la sua energia. L'energia è di solito molto sottile, e non possiamo sentirla. Tuttavia, i centri di energia sottile nel nostro corpo possono sentire questa energia, e usando queste pietre, si può aiutare a ripristinare l'equilibrio energetico. Se ci sono chakra con poca energia, si possono usare cristalli che possono potenziare quei chakra e aiutare a ripristinare l'equilibrio. Allo stesso modo, nel caso di chakra iperattivi, si possono usare cristalli che assorbono quel tipo di energia.

Tuttavia, prima di maneggiare qualsiasi cristallo, è importante che vi assicuriate che i cristalli siano del tipo e della qualità giusta. Usare cristalli di qualità inferiore potrebbe non avere alcun impatto sui vostri livelli di energia. Questo non significa che dovete comprare cristalli costosi come un diamante. Potete usare alternative economiche, ma i cristalli usati non dovrebbero essere inferiori o rotti. Se una pietra diventa pallida per un certo periodo di tempo, cambiatela.

Prima di iniziare a usare qualsiasi tipo di cristallo, è importante che li liberiate da qualsiasi tipo di energia residua. Non sarete certamente la prima persona a maneggiare il cristallo che userete. Questo significa che il cristallo sarà entrato in contatto con diverse persone in passato. I cristalli possono trattenere le energie per un periodo molto lungo, e questo può lavorare contro di voi perché le energie trattenute dai cristalli possono anche essere negative. Per assicurarsi che questo non vi riguardi, pulite accuratamente i cristalli prima di usarli.

Ci sono alcuni modi molto semplici per pulire i cristalli:

- Lavateli sotto l'acqua corrente del rubinetto. Tenerli sotto l'acqua corrente del rubinetto per circa 15 minuti può rimuovere le energie negative
- Potete semplicemente tenere i cristalli sotto la luce della luna per 3 notti consecutive. Ma, assicurati che non vengano a contatto con la luce del sole perché può danneggiare alcuni cristalli.
- Tienili in una ciotola di sale marino. Questo rimuoverà anche le energie negative. Lavateli con acqua fresca dopo averli tolti dal sale marino.
- Puoi anche seppellire i cristalli nel terreno di notte e tirarli fuori la mattina dopo per rimuovere le energie negative.

Tenere le pietre vicino al corpo o tenerle esattamente sulla posizione del chakra interessato può aiutare a guarire il chakra più velocemente.

4. Oli essenziali

L'Ayurveda, la branca della medicina vedica seguita nell'antica India, ha dato molta importanza alle piante nella nostra salute. Essa afferma che ci sono diverse piante che hanno un forte uso medicinale nella nostra vita. Usare queste piante in varie forme può aiutare a trattare problemi di vario tipo.

Anche curare lo squilibrio energetico nei chakra è uno di questi. Ci sono molte piante esotiche che producono certe erbe che possono influenzare i livelli di energia nel vostro corpo. Gli estratti di tali piante possono essere usati sotto forma di oli essenziali per trattare molti tipi di squilibri energetici.

Ci sono molti modi popolari per usare gli oli essenziali. Si può mescolare l'olio essenziale in qualsiasi olio vettore e applicarlo direttamente sulla pelle nella zona interessata. Questo può aiutare a ripristinare l'equilibrio energetico.

Questi oli essenziali possono anche essere usati per l'aromaterapia, dove sono usati nei bastoncini d'incenso per calmare i vostri sensi attraverso il profumo.

5. Cambiamenti nello stile di vita

Le nostre azioni influenzano il modo in cui funziona il nostro sistema energetico. Il modo più semplice per capire è conoscere la terza legge del moto di Newton. Essa dice che ogni azione ha una reazione uguale e contraria.

Quando rimproveri una persona o ti arrabbi con qualcuno, non solo stai causando ferite e dolore a quella persona, ma anche il tuo meccanismo interno viene colpito dal disprezzo di te stesso. Non si rimane insensibili a questa esplosione di energia. È una reazione naturale. Allo stesso modo, se sorridete dopo aver guardato qualcuno, mostrate affetto, o fate qualche azione gentile per gli altri, vedrete svilupparsi dentro di voi una morbidezza di emozione. Questa è semplicemente una reazione dell'azione gentile. Tutto questo è per dimostrare che ogni azione nella vita influenzerà i vostri chakra.

Per esempio, se avete l'abitudine di mentire troppo o siete un bugiardo abituale, il vostro chakra della gola sarà sempre fuori equilibrio. Può rendervi ancora più loquaci, perché questo è l'effetto collaterale dell'eccessiva energia in questo chakra, ma questo non lo rende buono. Il modo migliore per portare equilibrio al chakra della gola iperattivo è smettere di mentire in modo compulsivo.

Allo stesso modo, ci sono molti modi semplici per mantenere i chakra in equilibrio. Non c'è bisogno di un grande sforzo per farlo. Quindi, se conoscete il chakra con uno squilibrio nella vostra vita, potete iniziare a seguire questi consigli.

6. Reiki

Il Reiki è una potente tecnica di guarigione giapponese che lavora su principi energetici simili. In questa tecnica, un maestro di Reiki addestrato che ha sviluppato poteri di guarigione può aiutarti trovando e guarendo lo squilibrio energetico nel corpo.

I maestri di Reiki sono addestrati ampiamente per rilevare l'ostruzione nel flusso di energia, e lo usano per guarire i problemi. Se state affrontando qualche problema nei vostri centri energetici, potete prendere l'aiuto dei maestri Reiki. Come ho detto prima, questo aiuto non dovrebbe essere preso per attivare il chakra del terzo occhio spontaneamente, poiché la gestione della sua energia può diventare difficile per voi.

Capitolo 10: Guarigione e bilanciamento dei chakra

Guarigione del chakra della radice

Modifiche allo stile di vita per la guarigione e il bilanciamento del chakra della radice

Fare del giardinaggio un hobby

Per ristabilire l'equilibrio nel chakra della radice, potete iniziare a fare giardinaggio. Più interagite con la terra, più forte diventerà il vostro chakra della radice. Questo hobby può aiutare a mantenere la vostra mente disimpegnata e aiuterebbe anche ad alleviare le vostre paure. Praticate il giardinaggio quotidianamente per almeno un po' di tempo. Anche se vivete in una città metropolitana con stretti vincoli di spazio, tenere vasi di fiori è ancora un'opzione che potete seguire. Puoi anche provare a tenere una pianta da interno anche sulla tua scrivania per un migliore effetto di radicamento.

Terra Seduta e Escursioni

Cercate di stabilire una connessione più stretta possibile con la terra. Lo squilibrio nel chakra della radice è di solito il risultato della dissociazione dalle radici. Anche le persone che si allontanano dalle loro case affrontano questo disturbo. Potete provare a sedervi a terra per un po' di tempo ogni giorno nei parchi. Anche le escursioni a piedi sono una buona idea, perché vi aiutano a mantenere una stretta connessione con la natura.

Entrare in contatto con il terreno

Ci sono diversi modi in cui si può stabilire un contatto con il terreno. Camminare a piedi nudi per terra è anche un'ottima idea. In effetti, è anche considerato molto buono per la salute degli occhi camminare a piedi nudi sull'erba. Tuttavia, è anche buono per portare un equilibrio nel chakra della radice.

Uscire da uno stile di vita sedentario

Non c'è dubbio che lo stile di vita moderno ha un grande ruolo nel nostro stile di vita sedentario. Tuttavia, anche il nostro contributo al problema non è da meno. Siamo diventati delle patate da divano e non prendiamo l'iniziativa. Se il tuo chakra della radice è sbilanciato, cerca di fare più attività fisica. Ricordate che un chakra della radice squilibrato può anche aumentare il vostro peso in modo inaspettato.

I frutti rossi sono buoni

Mangiare frutti rossi è buono per portare un equilibrio nel chakra della radice.

Yoga per la guarigione e il bilanciamento dei chakra della radice

- Posa dell'albero
- Piegamento in avanti in piedi
- Posa dalla testa al ginocchio
- Posa del bambino sostenuta
- Posa del cadavere sostenuta
- Guerriero 1
- Guerriero 2
- Posa della sedia

Cristalli per la guarigione e il bilanciamento del chakra della radice

Rubino, bloodstone, ematite, ossidiana, diaspro rosso, onice, lodestone, agata di fuoco, granato, tormalina nera e quarzo fumé.

Oli essenziali per la guarigione e il bilanciamento del chakra della radice

Legno di rosa, sandalo e ylang-ylang

Meditazione di guarigione del chakra della radice

Sedersi a gambe incrociate

Chiudi delicatamente gli occhi

Mantenere la colonna vertebrale dritta

Se ne sentite il bisogno, potete usare uno schienale

Si prega di mantenere una postura eretta durante tutta la sessione di meditazione

Tenere le spalle dritte ed equidistanti

Anche il tuo prossimo dovrebbe rimanere dritto

Per favore, alza un po' il mento verso il cielo

Solo un po'

Puoi mettere le mani in grembo o sulle ginocchia come ti senti più a tuo agio

Durante il corso della meditazione, dovrai tenere gli occhi chiusi

Durante la meditazione puoi avere diversi pensieri legati ai tuoi pensieri personali e professionali

Non prestare attenzione a loro

Spingeteli semplicemente da parte e prestate attenzione al vostro respiro

La vostra attenzione dovrebbe essere concentrata sulla vostra consapevolezza

Questa sessione di meditazione vi aiuterà a stabilire una forte connessione con le vostre radici. Vi aiuterà a farvi sentire più radicati e saldi. La sensazione di contentezza, autosufficienza e pace, che mancano, diventeranno più forti nel vostro cuore dopo questa sessione.

Siediti con calma con gli occhi dolcemente chiusi

Non devi pensare a niente in questo momento

Questo è il momento di rilassarsi

Se ci sono pensieri che corrono nella tua mente, non preoccuparti

Lasciateli passare

Non ti riguardano al momento

Devi diventare una persona calma e pacifica in questo momento

Non c'è bisogno di pensare a nulla

Non c'è bisogno di concentrarsi sul dolore o sulla felicità

Non c'è bisogno di preoccuparsi dei fallimenti e del successo

Non c'è bisogno di preoccuparsi delle paure dei piaceri

Questo è il momento di rimanere fermi e in silenzio

Non c'è bisogno di fare nulla

Porta la tua consapevolezza sul tuo respiro

Osserva attentamente la tua respirazione

Inspirare

Espirare

Inspirare

Espirare

Inspirare

Espirare

Inspirare

Espirare

Inspirare

Espirare

Mantenere l'attenzione incollata alla respirazione

Cerca di sentire ogni aspetto della tua respirazione

Il tuo respiro è rapido in questo momento?

Si raffredderà.

L'aria è fredda o calda?

Riesci a sentire l'aria che entra nelle tue narici?

Prestare attenzione a quest'aria

Ora faremo una respirazione profonda

Inspirerete lentamente attraverso il naso al mio numero di 7

Tienilo fino al numero di 7

Poi espirare molto lentamente attraverso la bocca fino al conteggio di 8

Mantenere l'attenzione sul respiro

Non lasciare che si allontani

Si può deviare verso alcuni pensieri casuali

Non si preoccupi

Riconosci semplicemente il pensiero e riporta la tua attenzione alla respirazione

Fai un respiro lento e profondo attraverso il naso

1..

2...

3....

4.....

5....

6......

7......

Ora trattieni delicatamente questo respiro fino al numero di 7

1..

2...

3....

4.....

5....

6......

7......

Ora espira lentamente attraverso la bocca fino al conteggio di 8

1..

2...

3....

4.....

5....

6......

7......

8.......

Eccellente!

Ripetere ancora una volta

Fai un respiro lento e profondo attraverso il naso

1..

2...

3....

4.....

5....

6......

7......

Ora trattieni delicatamente questo respiro fino al numero di 7

1..

2...

3....

4.....

5....

6......

7......

Ora espira lentamente attraverso la bocca fino al conteggio di 8

1..

2...

3....

4.....

5....

6......

7......

8.......

Meraviglioso!

Osserva ancora una volta la tua respirazione

Senti la calma nel tuo respiro ora

Ora, ancora una volta fate un respiro profondo

Non c'è bisogno di contare

Semplicemente respira profondamente per tutto il tempo che puoi

Lascia che il tuo corpo prenda più aria fresca possibile

Mentre inspiri,

Lascia che la tua consapevolezza segua quest'aria dentro il tuo corpo

Senti quest'aria che entra nella tua cavità nasale

Osserva il modo in cui questo respiro gonfia il tuo petto e si muove verso il basso

Dirigilo alla base della tua spina dorsale attraverso la tua consapevolezza

Lascia che raggiunga il nucleo

La base della spina dorsale è il nucleo del corpo

Come se ci fosse un nucleo della terra

Senti il tuo nucleo del corpo che si connette al nucleo della terra

Continua a respirare lentamente

Inspirare

Espirare

Inspirare

Espirare

Senti il tuo nucleo che si connette alla madre terra

Tu sei fatto di quella stessa terra

Un giorno ti dissolverai su questa terra

Non perderai nulla

Non c'è nulla che tu debba temere

Non c'è niente che dovrebbe disturbare

Si ottiene tutto da questa madre terra

Tutto torna alla terra

Sei soddisfatto di quello che hai

Ti senti soddisfatto di ciò che possiedi

Ti senti connesso alle tue radici

Si sente un forte legame con la famiglia

Ti senti sicuro e protetto

Ti senti caldo e accogliente

Ti senti a casa

Siete venuti qui per essere qui

Hai il diritto di avere le cose che possiedi

Ti senti leggero

Ti senti forte

Inspirare

Espirare

Inspirare

Espirare

Senti la calma, l'energia calmante che prevale sul tuo corpo

Visualizza la rilassante luce rossa calda che esce dalla terra e riscalda il tuo corpo

È l'amore, la cura e la protezione fornita dalla madre terra

Ora ti senti sicuro di te

Ti senti calmo

Ti senti al sicuro

La terra è la madre

Ti nutre

Fornisce protezione a voi

Non permetterebbe che ti venisse fatto alcun male

Senti che ti stai collegando alla madre

Ritrovarsi calorosamente accoccolati nel grembo della madre

Puoi risolvere tutti i problemi che hai

Sei senza paura

Tu sei potente

La madre ti sta nutrendo

Vi sta fornendo protezione

Lascia che la madre terra ti riempia della sua calda luce

Lascia che ti illumini dall'interno

Resta seduto e basta

Senti il potere

Senti la calma

Senti la quiete

Senti le tue insicurezze che si sciolgono

Senti la tua paura che se ne va

Ora, non c'è paura

Non c'è ansia

Ti senti sicuro e protetto

Ti senti a terra e nutrito

Ti senti connesso alla madre terra

Ti senti legato alla famiglia

Accetta qualsiasi cosa tu riceva

Non ci sono domande da fare

Non ci sono risposte da dare

Ricevi dalla madre eterna

Lascia che la madre ti nutra

Inspirare lentamente

Espirare ancora più lentamente

Inspirare lentamente

Espirare ancora più lentamente

Inspirare lentamente

Espirare ancora più lentamente

Ora sposta di nuovo la tua attenzione sul tuo respiro

Ora ti senti positivo

Ti senti guarito e nutrito

Inspirare

Espirare

Inspirare

Espirare

Inspirare

Espirare

Riporta la tua attenzione sulla respirazione

Senti il tuo respiro ancora una volta

Cerca di sentire il tuo ambiente

Prova a sentire i tuoi arti senza muoverli

Rilassati

Siediti per qualche istante con gli occhi chiusi

Ora, puoi aprire gli occhi ogni volta che vuoi

Guarigione del chakra sacrale

Modifiche allo stile di vita per la guarigione e il bilanciamento del chakra sacrale

Aumenta il tuo impegno creativo

Questo è il chakra che incoraggia le attività creative. Vi fa sentire e gustare cose nuove e dà spazio alla vostra creatività. Tuttavia, quando l'energia in questo chakra è bassa, fare cose nuove o impegnarsi in attività creative può aiutare a ripristinare l'equilibrio in questo chakra.

Andare in posti nuovi

Nuovi posti possono creare eccitazione in questo chakra, poiché è dato al piacere di cose e luoghi nuovi e sconosciuti. Se il tuo chakra sacrale ha poca energia, visitare nuovi posti può titillare la tua esperienza visiva e, a sua volta, aiutare a migliorare il funzionamento di questo chakra.

Provi nuovi prodotti alimentari

Il gusto, l'olfatto e l'esperienza visiva sono tra i tre sensi forti. Assaggiare nuovi piatti e provare nuovi cibi può anche avere un impatto positivo sul vostro chakra sacrale. Questo può suscitare il vostro interesse per le cose che vi circondano.

Dedicare del tempo al servizio sociale

Il servizio sociale è un altro modo per creare interesse nelle cose che vi circondano. Anche se il chakra sacrale riguarda il godere dei piaceri del mondo, quando le energie in questo chakra sono basse, diffondendo un po' di gioia in giro, potete anche portare energia positiva a questo chakra. Dovreste provare a fare qualche servizio alla comunità in ogni modo possibile. Nessun servizio è troppo piccolo per l'umanità. Non avete bisogno di diventare un grande filantropo per fare del lavoro sociale. Cercate di contribuire in ogni modo possibile.

Trova uno sbocco adeguato per la tua energia sessuale

Questo è il chakra che ha un'influenza diretta sui vostri organi riproduttivi. È anche un chakra appena sopra il chakra della radice, e quindi l'accumulo di energia sessuale in questo chakra non dovrebbe essere considerato qualcosa di molto insolito. Tuttavia, all'energia sessuale dovrebbe essere dato uno sbocco adeguato. Se lasciato fuori controllo, questo chakra può renderti completamente devoto ai piaceri sessuali, e solo i desideri carnali comincerebbero a dettare le tue decisioni. Impegnarsi in attività sessuali illegali o nell'adulterio può causare un'altra serie di problemi in questo chakra. Porta all'accumulo di emozioni negative, e questo può essere dannoso per voi. Cercate di trovare uno sbocco adeguato per la vostra gratificazione sessuale.

Prova il Reiki

Il reiki può essere molto utile per risolvere i problemi di questo chakra. Poiché questo chakra si trova nei pioli inferiori e il suo impatto è principalmente verso l'interno, si può facilmente consultare un maestro di reiki per la guarigione di questo chakra. Un maestro di reiki può correggere i problemi relativamente più velocemente.

Indossare il colore arancione

I vestiti e il cibo di colore arancione possono essere utili per ristabilire l'equilibrio in questo chakra. I colori hanno un impatto profondo sui tuoi sensi, ed è per questo che indossare questo chakra ti motiverà a diventare un po' più coinvolgente.

Yoga per la guarigione e il bilanciamento del chakra sacrale

- Quattro arti in posa
- Cane rivolto verso il basso
- Posa della faccia della mucca
- Posa del bambino
- Posa del bambino felice
- Posizioni del guerriero
- Posa ad angolo vincolato
- Posa ad angolo aperto

Cristalli per la guarigione e il bilanciamento del chakra sacrale

Ambra, pietra di luna, pietra del sole, tormalina arancione e corniola

Oli essenziali per la guarigione e il bilanciamento del chakra sacrale

Legno di rosa, limone, lavanda, rosmarino e camomilla romana

Meditazione di guarigione del chakra sacrale

Sedersi a gambe incrociate

Chiudi delicatamente gli occhi

Mantenere la colonna vertebrale dritta

Se ne sentite il bisogno, potete usare uno schienale

Si prega di mantenere una postura eretta durante tutta la sessione di meditazione

Tenere le spalle dritte ed equidistanti

Anche il tuo prossimo dovrebbe rimanere dritto

Per favore, alza un po' il mento verso il cielo

Solo un po'

Puoi mettere le mani in grembo o sulle ginocchia come ti senti più a tuo agio

Durante il corso della meditazione, dovrai tenere gli occhi chiusi

Durante la meditazione puoi avere diversi pensieri legati ai tuoi pensieri personali e professionali

Non prestare attenzione a loro

Spingeteli semplicemente da parte e prestate attenzione al vostro respiro

La vostra attenzione dovrebbe essere concentrata sulla vostra consapevolezza

Questa sessione di meditazione vi aiuterà a riaccendere il vostro spirito infantile. Scoprirete che la gioia è ancora un sentimento fresco e appagante. Questa sessione di meditazione vi aiuterà ad esplorare il lato gioioso della vostra personalità. Vi aiuterà ad esplorare le vostre passioni e a riscoprire il vecchio voi che vi è mancato per molto tempo o che avete sempre desiderato.

Siediti con calma con gli occhi dolcemente chiusi

Non devi pensare a niente in questo momento

Questo è il momento di rilassarsi

Se ci sono pensieri che corrono nella tua mente, non preoccuparti

Lasciateli passare

Non ti riguardano al momento

Devi diventare una persona calma e pacifica in questo momento

Non c'è bisogno di pensare a nulla

Non c'è bisogno di concentrarsi sul dolore o sulla felicità

Non c'è bisogno di preoccuparsi dei fallimenti e del successo

Non c'è bisogno di preoccuparsi delle paure dei piaceri

Questo è il momento di rimanere fermi e in silenzio

Non c'è bisogno di fare nulla

Porta la tua consapevolezza sul tuo respiro

Osserva attentamente la tua respirazione

Inspirare

Espirare

Inspirare

Espirare

Inspirare

Espirare

Inspirare

Espirare

Inspirare

Espirare

Mantenere l'attenzione incollata alla respirazione

Cerca di sentire ogni aspetto della tua respirazione

Il tuo respiro è rapido in questo momento?

Si raffredderà.

L'aria è fredda o calda?

Riesci a sentire l'aria che entra nelle tue narici?

Prestare attenzione a quest'aria

Ora faremo una respirazione profonda

Inspirerete lentamente attraverso il naso al mio numero di 7

Tienilo fino al numero di 7

Poi espirare molto lentamente attraverso la bocca fino al conteggio di 8

Mantenere l'attenzione sul respiro

Non lasciare che si allontani

Si può deviare verso alcuni pensieri casuali

Non si preoccupi

Riconosci semplicemente il pensiero e riporta la tua attenzione alla respirazione

Fai un respiro lento e profondo attraverso il naso

1..

2...

3....

4.....

5....

6......

7......

Ora trattieni delicatamente questo respiro fino al numero di 7

1..

2...

3....

4.....

5....

6......

7......

Ora espira lentamente attraverso la bocca fino al conteggio di 8

1..

2...

3....

4.....

5....

6......

7......

8.......

Eccellente!

Ripetere ancora una volta

Fai un respiro lento e profondo attraverso il naso

1..

2...

3....

4.....

5....

6......

7......

Ora trattieni delicatamente questo respiro fino al numero di 7

1..

2...

3....

4.....

5....

6......

7......

Ora espira lentamente attraverso la bocca fino al conteggio di 8

1..

2...

3....

4.....

5....

6......

7......

8.......

Meraviglioso!

Osserva ancora una volta la tua respirazione

Senti la calma nel tuo respiro ora

Fai un respiro profondo ancora una volta e segui il percorso che prende

Osserva il respiro passare attraverso le narici

Seguire tutto il percorso passando attraverso i polmoni

Senti che va verso la tua cavità ombelicale

Senti che colpisce il punto del chakra sacrale

Non è emozionante la sensazione?

Ripetere il processo ancora una volta

Fai un respiro profondo ancora una volta e segui il percorso che prende

Osserva il respiro passare attraverso le narici

Seguire tutto il percorso passando attraverso i polmoni

Senti che va verso la tua cavità ombelicale

Senti che colpisce il punto del chakra sacrale

È una sensazione così incredibile

Senti la luce di colore arancione che emana da quel punto

È l'energia del chakra sacrale

Era rimasto intrappolato nel chakra

Sentilo diffondersi tutto intorno

Visualizza tutto il tuo corpo che si colora del colore arancione

Ti sta illuminando dall'interno

Questa è l'energia che ti fa vivere tutto questo mondo

Ti riempie di vigore e vitalità

Ti rende vivace e gioioso

Senti il brivido della vita dentro di te

Senti la sfumatura dell'eccitazione sessuale

Non c'è nulla di cui vergognarsi per questo sentimento

È da godere

Senti il brivido che corre per tutto il corpo

Non c'è bisogno di scappare da esso

Accettalo

Assorbire

Bere

Non averne paura

Questa è la tua energia

È sempre stato dentro di te

Stai semplicemente riscoprendo te stesso ancora una volta

Lascia che questa energia arancione si diffonda in tutte le parti del tuo corpo

Lascia che ti riempia di vigore e vitalità

Inspirare

Espirare

Inspirare

Espirare

Riporta la tua consapevolezza al tuo respiro

Fai un respiro profondo

Inspirare

Espirare

Inspirare

Espirare

Inspirare

Espirare

Tenendo gli occhi chiusi osserva attentamente il tuo respiro

Mantenere l'attenzione sulla respirazione

Inspirare

Espirare

Inspirare

Espirare

Riporta la tua attenzione sulla respirazione

Senti il tuo respiro ancora una volta

Cerca di sentire il tuo ambiente

Prova a sentire i tuoi arti senza muoverli

Rilassati

Siediti per qualche istante con gli occhi chiusi

Ora, puoi aprire gli occhi ogni volta che vuoi

Guarigione del chakra del plesso solare

Modifiche allo stile di vita per la guarigione e il bilanciamento del chakra del plesso solare

Ristabilire la tua connessione con il sole

Il chakra del plesso solare vi riempie con la luce brillante del sole e vi rende energici e potenti come il sole stesso. Tuttavia, se vi sentite bassi in questo chakra, guardare la luce rilassante del Sole al tramonto e all'alba può aiutare a ristabilire l'equilibrio in questo chakra. Mentre fate il Sungaze, ricordatevi di non farlo per periodi molto lunghi e di non guardare mai il Sole per molto tempo durante il giorno perché può causare grandi danni ai vostri occhi.

Prendere il sole

Anche prendere il sole avrà un impatto simile sulla vostra vita. Prendere il sole aiuterà a ricaricare fisicamente il vostro chakra del plesso solare. Tuttavia, anche per prendere il sole, dovete astenervi dal farlo per troppo tempo in piena luce del sole perché può danneggiare la vostra pelle.

Mantenere dei sani confini

Un chakra del plesso solare iperattivo può facilmente farvi superare i confini personali e professionali, e potete apparire come una persona dominante, eccessivamente critica ed esigente. Mantenere relazioni sane in un tale scenario può diventare difficile. Per attenuare il vostro chakra del plesso solare, dovete praticare dei sani confini nella vita personale e professionale. Più ti mantieni contenuto nei confini, più facile diventerà ripristinare l'equilibrio energetico.

Rompere la complescenza

Se l'energia in questo chakra è bassa, vi impedirà di prendere dei rischi o di uscire dalla zona di comfort. Tuttavia, se non ci provate, questo continuerà a trascinarvi ancora più in basso. La migliore via d'uscita è cercare di liberarsi dalla zona di comfort e prendere di petto nuove sfide. Più vi comportate in modo avventuroso, più questo chakra diventerà pieno di energia. Questo è il chakra degli amanti del rischio e degli sfidanti. Vi dà l'appetito per digerire il mondo intero; non dovete pensarci due volte prima di dare un piccolo morso.

Sviluppare una routine quotidiana fisicamente coinvolgente/impegnativa

Diventa molto attivo. La routine monotona e noiosa può togliere energia a questo chakra. Cercate di fare almeno una volta qualcosa che implichi un intenso lavoro fisico, perché questo manterrebbe le vostre batterie cariche.

Frutti e vestiti gialli

Mangiare frutta gialla e indossare abiti gialli può aiutare a caricare questo chakra più velocemente. Potete anche scegliere di indossare dell'oro perché anche questo aiuta.

Yoga per la guarigione e il bilanciamento del chakra del plesso solare

- Posa di mezza barca
- Saluto al sole
- Pranayam o tecniche di respirazione
- Posa della mucca
- Posa della barca
- Posa del gatto
- Respiro a soffietto

Cristalli per la guarigione e il bilanciamento del chakra del plesso solare

Topazio giallo, occhio di tigre giallo, citrino giallo, ambra, quarzo rutilato e agata gialla

Oli essenziali per la guarigione e il bilanciamento del chakra del plesso solare

Legno di rosa, limone, lavanda, camomilla romana e rosmarino

Meditazione di guarigione del chakra del plesso solare

Sedersi a gambe incrociate

Chiudi delicatamente gli occhi

Mantenere la colonna vertebrale dritta

Se ne sentite il bisogno, potete usare uno schienale

Si prega di mantenere una postura eretta durante tutta la sessione di meditazione

Tenere le spalle dritte ed equidistanti

Anche il tuo prossimo dovrebbe rimanere dritto

Per favore, alza un po' il mento verso il cielo

Solo un po'

Puoi mettere le mani in grembo o sulle ginocchia come ti senti più a tuo agio

Durante il corso della meditazione, dovrai tenere gli occhi chiusi

Durante la meditazione puoi avere diversi pensieri legati ai tuoi pensieri personali e professionali

Non prestare attenzione a loro

Spingeteli semplicemente da parte e prestate attenzione al vostro respiro

La vostra attenzione dovrebbe essere concentrata sulla vostra consapevolezza

Questa sessione di meditazione vi aiuterà a ritrovare la vostra spontaneità, vitalità e volontà. Ci sono momenti in cui tutto inizia a sembrare perduto. Tuttavia, il Sole sorge a est ogni giorno e porta con sé nuove speranze e possibilità. Questa sessione di meditazione vi aiuterà a riscoprire le vostre speranze, aspirazioni e ambizioni perdute.

Siediti con calma con gli occhi dolcemente chiusi

Non devi pensare a niente in questo momento

Questo è il momento di rilassarsi

Se ci sono pensieri che corrono nella tua mente, non preoccuparti

Lasciateli passare

Non ti riguardano al momento

Devi diventare una persona calma e pacifica in questo momento

Non c'è bisogno di pensare a nulla

Non c'è bisogno di concentrarsi sul dolore o sulla felicità

Non c'è bisogno di preoccuparsi dei fallimenti e del successo

Non c'è bisogno di preoccuparsi delle paure dei piaceri

Questo è il momento di rimanere fermi e in silenzio

Non c'è bisogno di fare nulla

Porta la tua consapevolezza sul tuo respiro

Osserva attentamente la tua respirazione

Inspirare

Espirare

Inspirare

Espirare

Inspirare

Espirare

Inspirare

Espirare

Inspirare

Espirare

Mantenere l'attenzione incollata alla respirazione

Cerca di sentire ogni aspetto della tua respirazione

Il tuo respiro è rapido in questo momento?

Si raffredderà.

L'aria è fredda o calda?

Riesci a sentire l'aria che entra nelle tue narici?

Prestare attenzione a quest'aria

Ora faremo una respirazione profonda

Inspirerete lentamente attraverso il naso al mio numero di 7

Tienilo fino al numero di 7

Poi espirare molto lentamente attraverso la bocca fino al conteggio di 8

Mantenere l'attenzione sul respiro

Non lasciare che si allontani

Si può deviare su alcuni pensieri casuali

Non si preoccupi

Riconosci semplicemente il pensiero e riporta la tua attenzione alla respirazione

Fai un respiro lento e profondo attraverso il naso

1..

2...

3....

4.....

5....

6......

7......

Ora trattieni delicatamente questo respiro fino al numero di 7

1..

2...

3....

4.....

5....

6......

7......

Ora espira lentamente attraverso la bocca fino al conteggio di 8

1..

2...

3....

4.....

5....

6......

7......

8.......

Eccellente!

Ripetere ancora una volta

Fai un respiro lento e profondo attraverso il naso

1..

2...

3....

4.....

5....

6......

7......

Ora trattieni delicatamente questo respiro fino al numero di 7

1..

2...

3....

4.....

5....

6......

7......

Ora espira lentamente attraverso la bocca fino al conteggio di 8

1..

2...

3....

4.....

5....

6......

7......

8.......

Meraviglioso!

Osserva ancora una volta la tua respirazione

Senti la calma nel tuo respiro ora

Fai un respiro profondo

Senti il respiro che sale dalle tue narici e si immerge in profondità nei tuoi polmoni

Segui il suo percorso mentre viaggia verso il tuo chakra del plesso solare

Senti il respiro che illumina tutto il chakra del plesso solare dall'interno

Fai un altro respiro profondo

Senti il tuo respiro che illumina il chakra del plesso solare ancora una volta

Senti il potere che ha questa regione

Pensate alle possibilità che offre

Visualizzare se stessi vivendo una vita di successo

Pensa a tutte le cose che hai sempre voluto possedere

Sentili nel tuo controllo

Hai la capacità di ottenere tutto ciò che desideri

Il chakra del plesso solare nel tuo ventre brucia luminoso come una stella

Ti dà il potenziale per rendere tutto possibile

Devi solo dare una grande spinta a tutto ciò che vuoi

È possibile farlo ancora una volta

Voi lo avete reso possibile in passato

Puoi di nuovo renderlo possibile molto facilmente

Devi solo pensarci una volta

Dovete semplicemente decidere di farlo

Sei pronto ad accettare qualsiasi sfida in questo mondo

Puoi affrontare questo mondo a testa alta

Non hai paura delle sfide

Ti danno la motivazione per lavorare di più

Senti l'energia che cresce dentro di te

Immagina la forza che hai

Il potere che puoi esercitare

L'influenza che puoi esercitare

Tutto questo può aiutarvi sulla strada

Sei capace di realizzare qualsiasi cosa

Senti la fiducia dentro di te

Senti il potere dentro di te

Senti la forza dentro di te

Rimanete in questa posizione e ammirate il momento

Lascia che ti riempia di vigore e vitalità

Inspirare

Espirare

Inspirare

Espirare

Riporta la tua consapevolezza al tuo respiro

Fai un respiro profondo

Inspirare

Espirare

Inspirare

Espirare

Inspirare

Espirare

Tenendo gli occhi chiusi osserva attentamente il tuo respiro

Mantenere l'attenzione sulla respirazione

Inspirare

Espirare

Inspirare

Espirare

Riporta la tua attenzione sulla respirazione

Senti il tuo respiro ancora una volta

Cerca di sentire il tuo ambiente

Prova a sentire i tuoi arti senza muoverli

Rilassati

Siediti per qualche istante con gli occhi chiusi

Ora, puoi aprire gli occhi ogni volta che vuoi

Guarigione del chakra del cuore

Modifiche allo stile di vita per la guarigione e il bilanciamento del chakra del cuore

Iniziare a prestare attenzione a se stessi

Questo chakra è sempre desideroso di amore e cura, ma questo non deve necessariamente venire dagli altri. Desideriamo sempre amore e attenzione, ma non ci preoccupiamo mai di mostrare amore e attenzione a noi stessi. Se ti senti giù o depresso, regalati una cena sontuosa, un film, una commedia o qualsiasi altra cosa che accenda il tuo interesse. Non lasciarti morire di fame per l'amore e l'attenzione degli altri.

Dare all'amore il suo giusto spazio nella vita

Questo chakra non può funzionare correttamente senza l'amore nella vita. Di nuovo questo amore può essere per qualsiasi cosa. Se siete semplicemente appassionati di libri, allora anche questo non è un problema perché sarebbe sufficiente per caricare questo chakra. Tuttavia, dovete trovare qualcosa che vi tenga impegnati e la vostra attenzione intatta.

Prendersi una pausa

Non farti diventare un topo d'ufficio. Datevi del tempo per respirare. Questo chakra desidera qualcosa di più dei riconoscimenti e dei risultati. Vuole relax e gioia. Se vi sentite molto stretti negli orari, prendetevi del tempo per concedervi qualcosa di rilassante.

Cerca di rimanere motivato

La mancanza di motivazione per qualsiasi cosa può essere un grande rifiuto per questo chakra. E' un chakra di entusiasmo per la vita. Le energie a questo livello sono intense, ed è per questo che se si inizia a rimanere tristi e demotivati, questo chakra può iniziare a perdere la sua spinta.

Riaccendi il tuo rapporto con la natura

Se vi sentite giù o abbattuti, provate ad andare a fare un picnic da qualche parte vicino alla natura e al verde. Pianificate un fine settimana in una foresta o fate un'escursione. Passare un po' di tempo in mezzo alla natura può aiutare ad energizzare questo chakra.

Diventare più accettante e invitante

Dovete aprirvi a nuove cose, persone, idee ed esperienze. Diventate più accettanti in natura. Non attaccatevi a cose specifiche. Lasciate andare le cose del passato e accettate le cose nuove nella vita. Lo stesso dovrebbe essere praticato nelle relazioni così come negli interessi. Il chakra del cuore vi richiede di essere molto aperti e di accettare la natura. Dovete essere pronti a lasciare che il passato sia passato e ad accettare il presente a braccia aperte.

Imparare nuove forme d'arte

Imparare nuove forme d'arte può anche accendere l'energia in questo chakra. Questo chakra ha una forte scintilla creativa, e imparare cose nuove può far ardere quella fiamma.

Verde

Il colore verde è buono per questo chakra. Vivere vicino alla natura, mangiare verdure a foglia verde e indossare abiti verdi può aiutare a ripristinare l'equilibrio energetico di questo chakra.

Yoga per la guarigione e il bilanciamento del chakra del cuore

- Posa dell'aquila
- Posa del cammello
- Torsione spinale seduta
- Equilibri del braccio

Cristalli per la guarigione e il bilanciamento del chakra del cuore

Calcite verde, cianite verde, quarzo rosa, giada, smeraldo e tormalina verde

Oli essenziali per la guarigione e il bilanciamento del chakra del cuore

Rosa, palmarosa, bergamotto, geranio, ylang-ylang, neroli, lavanda e melissa

Meditazione di guarigione del chakra del cuore

Rep

Sedersi a gambe incrociate

Chiudi delicatamente gli occhi

Mantenere la colonna vertebrale dritta

Se ne sentite il bisogno, potete usare uno schienale

Si prega di mantenere una postura eretta durante tutta la sessione di meditazione

Tenere le spalle dritte ed equidistanti

Anche il tuo prossimo dovrebbe rimanere dritto

Per favore, alza un po' il mento verso il cielo

Solo un po'

Puoi mettere le mani in grembo o sulle ginocchia come ti senti più a tuo agio

Durante il corso della meditazione, dovrai tenere gli occhi chiusi

Durante la meditazione puoi avere diversi pensieri legati ai tuoi pensieri personali e professionali

Non prestare attenzione a loro

Spingeteli semplicemente da parte e prestate attenzione al vostro respiro

La vostra attenzione dovrebbe essere concentrata sulla vostra consapevolezza

Questa sessione di meditazione vi aiuterà a stabilire una forte connessione con le vostre radici. Vi aiuterà a farvi sentire più radicati e saldi. La sensazione di contentezza, autosufficienza e pace, che mancano, diventeranno più forti nel vostro cuore dopo questa sessione.

Siediti con calma con gli occhi dolcemente chiusi

Non devi pensare a niente in questo momento

Questo è il momento di rilassarsi

Se ci sono pensieri che corrono nella tua mente, non preoccuparti

Lasciateli passare

Non ti riguardano al momento

Devi diventare una persona calma e pacifica in questo momento

Non c'è bisogno di pensare a nulla

Non c'è bisogno di concentrarsi sul dolore o sulla felicità

Non c'è bisogno di preoccuparsi dei fallimenti e del successo

Non c'è bisogno di preoccuparsi delle paure dei piaceri

Questo è il momento di rimanere fermi e in silenzio

Non c'è bisogno di fare nulla

Porta la tua consapevolezza sul tuo respiro

Osserva attentamente la tua respirazione

Inspirare

Espirare

Inspirare

Espirare

Inspirare

Espirare

Inspirare

Espirare

Inspirare

Espirare

Mantenere l'attenzione incollata alla respirazione

Cerca di sentire ogni aspetto della tua respirazione

Il tuo respiro è rapido in questo momento?

Si raffredderà.

L'aria è fredda o calda?

Riesci a sentire l'aria che entra nelle tue narici?

Prestare attenzione a quest'aria

Ora faremo una respirazione profonda

Inspirerete lentamente attraverso il naso al mio numero di 7

Tienilo fino al numero di 7

Poi espirare molto lentamente attraverso la bocca fino al conteggio di 8

Mantenere l'attenzione sul respiro

Non lasciare che si allontani

Si può deviare su alcuni pensieri casuali

Non si preoccupi

Riconosci semplicemente il pensiero e riporta la tua attenzione alla respirazione

Fai un respiro lento e profondo attraverso il naso

1..

2...

3....

4.....

5....

6......

7……

Ora trattieni delicatamente questo respiro fino al numero di 7

1..

2…

3….

4…..

5….

6……

7……

Ora espira lentamente attraverso la bocca fino al conteggio di 8

1..

2…

3….

4…..

5….

6……

7……

8.......

Eccellente!

Ripetere ancora una volta

Fai un respiro lento e profondo attraverso il naso

1..

2...

3....

4.....

5....

6......

7......

Ora trattieni delicatamente questo respiro fino al numero di 7

1..

2...

3....

4.....

5....

6......

7......

Ora espira lentamente attraverso la bocca fino al conteggio di 8

1..

2...

3....

4.....

5....

6......

7......

8.......

Meraviglioso!

Osserva ancora una volta la tua respirazione

Senti la calma nel tuo respiro ora

Fai un respiro profondo

Concentra la tua consapevolezza al centro del tuo petto

Questo è il punto del chakra del cuore

Prova a visualizzare la luce verde che esce da questo punto

Guarda il tuo cuore pieno di amore e compassione

Questo cuore ha il potere di guarire molti

Ha dolore per tutto il mondo

Può perdonare le persone

Può dimenticare le cose che non può perdonare

Non ha spazio per l'odio

È solo pieno di amore e compassione

Nessuno è capace di ferire un tale cuore

Questo cuore può guarire qualsiasi tipo di ferita

È pieno di calma e compostezza

Non c'è ansia

Non c'è stress

Non c'è dolore

Non c'è solitudine

C'è solo amore e gioia

Lascia evaporare ogni tipo di dolore, dispiacere, miseria e cattiva memoria

Fa parte della vita avere brutte esperienze

Dobbiamo imparare a lasciare andare

Dobbiamo imparare ad andare avanti

Dobbiamo imparare a fidarci

Dobbiamo imparare ad amare di nuovo

Fai un respiro profondo ancora una volta

Ora ti senti leggero

Ci si sente come se si fosse tolto un grosso peso dallo stomaco

È tempo di gioire

È il momento di essere felici

Godetevi questo momento

Lascia che riempia il tuo cuore e la tua memoria

Inspirare

Espirare

Inspirare

Espirare

Riporta la tua consapevolezza al tuo respiro

Fai un respiro profondo

Inspirare

Espirare

Inspirare

Espirare

Inspirare

Espirare

Tenendo gli occhi chiusi osserva attentamente il tuo respiro

Mantenere l'attenzione sulla respirazione

Inspirare

Espirare

Inspirare

Espirare

Riporta la tua attenzione sulla respirazione

Senti il tuo respiro ancora una volta

Cerca di sentire il tuo ambiente

Prova a sentire i tuoi arti senza muoverli

Rilassati

Siediti per qualche istante con gli occhi chiusi

Ora, puoi aprire gli occhi ogni volta che vuoi

Guarigione Chakra Thorat

Modifiche allo stile di vita per la guarigione e il bilanciamento del chakra della gola

Lavora per migliorare le tue capacità di parlare in pubblico - prendi lezioni se necessario

L'esposizione al pubblico e la capacità di esprimere chiaramente i propri pensieri sono due requisiti molto importanti di questo chakra. Rimarranno soppressi se continuerete a scappare dal parlare in pubblico. La migliore via d'uscita è sviluppare l'abilità di parlare in pubblico. Parlare è naturale per le persone con un forte chakra della gola come volare sull'oceano lo è per i gabbiani. Non c'è bisogno di insegnare ad un pesce l'arte di nuotare. L'esitazione può essere dovuta ad una bassa energia nel centro della gola, ma questo può essere facilmente corretto con l'aiuto del public speaking. Se necessario, dovreste prendere lezioni di public speaking, indipendentemente dal fatto che parlare in pubblico faccia parte o meno del vostro lavoro. Mantenere questo chakra inesplorato può rendervi timidi e ambigui. Se il problema viene ignorato in questa fase, potreste anche iniziare ad affrontare problemi di comunicazione anche in gruppi ristretti e potreste anche non essere in grado di esprimervi chiaramente.

Smettere di mentire

Alcune persone diventano semplicemente dei bugiardi abituali senza alcuna ragione specifica. Non mentono per una causa ma solo per rimanere in pratica. Se siete tra queste persone, potete causare un grande danno al vostro chakra della gola. Questo è il chakra del parlare chiaro e conciso. Se cominciate a mentire troppo, le energie in questo chakra possono scendere. Inizierete a perdere il vostro tocco convincente, e potreste anche iniziare ad affrontare problemi nel trasmettere il vostro messaggio chiaramente alle masse.

Partecipa a discussioni coinvolgenti

Prendete parte a discussioni sane. Più partecipate a discussioni sane, più questo chakra diventerà potente. Tuttavia, non dovete convertire le discussioni in discussioni, perché questo chakra può facilmente diventare molto dominante ed egoista. Concentratevi semplicemente sul trovare una conclusione ad ogni discussione.

Praticare l'osservazione del cielo

Guardare il cielo azzurro chiaro può aiutare a migliorare i livelli di energia di questo chakra. Gli piace molto l'opportunità di sentirsi connessi alla vasta distesa senza limiti, e il cielo blu chiaro gli fornisce proprio questo.

Blu

I vestiti e i frutti di colore blu sono buoni per lo sviluppo di questo chakra.

Yoga per la guarigione e il bilanciamento del chakra della gola

- Posa del cammello
- Posa dell'aratro
- Posa del ponte
- Posa del triangolo
- Posizione del guerriero
- Angolo laterale esteso
- Shoulderstand

Cristalli per la guarigione e il bilanciamento del chakra della gola

Iolite, turchese, lapislazzuli, acquamarina, celestite, cianite blu e sodalite

Oli essenziali per la guarigione e il bilanciamento del chakra della gola

Rosmarino, incenso, lavanda e issopo

Meditazione di guarigione del chakra della gola

Sedersi a gambe incrociate

Chiudi delicatamente gli occhi

Mantenere la colonna vertebrale dritta

Se ne sentite il bisogno, potete usare uno schienale

Si prega di mantenere una postura eretta durante tutta la sessione di meditazione

Tenere le spalle dritte ed equidistanti

Anche il tuo prossimo dovrebbe rimanere dritto

Per favore, alza un po' il mento verso il cielo

Solo un po'

Puoi mettere le mani in grembo o sulle ginocchia come ti senti più a tuo agio

Durante il corso della meditazione, dovrai tenere gli occhi chiusi

Durante la meditazione puoi avere diversi pensieri legati ai tuoi pensieri personali e professionali

Non prestare attenzione a loro

Spingeteli semplicemente da parte e prestate attenzione al vostro respiro

La vostra attenzione dovrebbe essere concentrata sulla vostra consapevolezza

Questa sessione di meditazione vi aiuterà a trovare la vostra voce perduta. Ci sono momenti in cui semplicemente troviamo così difficile esprimere noi stessi. Dire anche cose semplici diventa così difficile. Ogni parola sembra una lotta. Poi ci sono momenti in cui qualsiasi cosa tu dica non significa nulla per gli altri. Trovi praticamente impossibile trasmettere il tuo messaggio in modo chiaro e conciso. Succede a tutti. È solo una fase che arriva nella vita di tutti noi. Questa sessione di meditazione vi aiuterà a ritrovare la fiducia nella vostra voce e nelle vostre capacità.

Siediti con calma con gli occhi dolcemente chiusi

Non devi pensare a niente in questo momento

Questo è il momento di rilassarsi

Se ci sono pensieri che corrono nella tua mente, non preoccuparti

Lasciateli passare

Non ti riguardano al momento

Devi diventare una persona calma e pacifica in questo momento

Non c'è bisogno di pensare a nulla

Non c'è bisogno di concentrarsi sul dolore o sulla felicità

Non c'è bisogno di preoccuparsi dei fallimenti e del successo

Non c'è bisogno di preoccuparsi delle paure dei piaceri

Questo è il momento di rimanere fermi e in silenzio

Non c'è bisogno di fare nulla

Porta la tua consapevolezza sul tuo respiro

Osserva attentamente la tua respirazione

Inspirare

Espirare

Inspirare

Espirare

Inspirare

Espirare

Inspirare

Espirare

Inspirare

Espirare

Mantenere l'attenzione incollata alla respirazione

Cerca di sentire ogni aspetto della tua respirazione

Il tuo respiro è rapido in questo momento?

Si raffredderà.

L'aria è fredda o calda?

Riesci a sentire l'aria che entra nelle tue narici?

Prestare attenzione a quest'aria

Ora faremo una respirazione profonda

Inspirerete lentamente attraverso il naso al mio numero di 7

Tienilo fino al numero di 7

Poi espirare molto lentamente attraverso la bocca fino al conteggio di 8

Mantenere l'attenzione sul respiro

Non lasciare che si allontani

Si può deviare verso alcuni pensieri casuali

Non si preoccupi

Riconosci semplicemente il pensiero e riporta la tua attenzione alla respirazione

Fai un respiro lento e profondo attraverso il naso

1..

2...

3....

4.....

5....

6......

7......

Ora trattieni delicatamente questo respiro fino al numero di 7

1..

2...

3....

4.....

5....

6......

7......

Ora espira lentamente attraverso la bocca fino al conteggio di 8

1..

2...

3....

4.....

5....

6......

7......

8.......

Eccellente!

Ripetere ancora una volta

Fai un respiro lento e profondo attraverso il naso

1..

2...

3....

4.....

5....

6......

7......

Ora trattieni delicatamente questo respiro fino al numero di 7

1..

2...

3....

4.....

5....

6......

7......

Ora espira lentamente attraverso la bocca fino al conteggio di 8

1..

2...

3....

4.....

5....

6......

7......

8.......

Meraviglioso!

Osserva ancora una volta la tua respirazione

Senti la calma nel tuo respiro ora

Fai un respiro profondo

Concentra la tua consapevolezza nella parte posteriore della tua gola

Attraverso gli occhi della tua consapevolezza cerca di visualizzare la luce blu che proviene dalla parte posteriore della gola

Senti questa luce che si diffonde in altre parti del tuo corpo

Lascia che si diffonda

Lascia che ti copra le spalle

Lascia che ti passi per la testa

Senti tutto il tuo corpo coperto da questa foschia blu

Questa è la luce nutriente del chakra della gola

Renderà la vostra comunicazione più forte e più chiara

Qualunque cosa tu dica, il mondo ascolterebbe

Fai qualche respiro profondo e lascia che la tua bocca si impregni di questa luce blu

Lascia che raggiunga tutte le parti del corpo

Fai dei respiri profondi

Inspirare

Espirare

Inspirare

Espirare

Inspirare

Espirare

Inspirare

Espirare

Inspirare

Espirare

Ora immaginatevi di parlare in modo chiaro e conciso

Visualizza le persone che ti ascoltano con grande attenzione

Guarda le loro facce

Hanno la chiarezza

Sei in grado di trasmettere loro ogni parola in modo cristallino

Non c'è ambiguità

Non c'è confusione

Non ci si può nascondere

Ora li state ascoltando

È una parte così importante del processo

È così difficile parlare chiaramente senza ascoltare attentamente

Ascolta le cose che hanno da dire

Assorbire tutto ciò che vogliono raccontare

Ora ti capiranno chiaramente

Ora li capisci chiaramente

Non c'è confusione ora

Non c'è paura ora

Respirare profondamente

Inspirare

Espirare

Inspirare

Espirare

Inspirare

Espirare

Riporta la tua consapevolezza al tuo respiro

Fai un respiro profondo

Inspirare

Espirare

Inspirare

Espirare

Inspirare

Espirare

Tenendo gli occhi chiusi osserva attentamente il tuo respiro

Mantenere l'attenzione sulla respirazione

Inspirare

Espirare

Inspirare

Espirare

Riporta la tua attenzione sulla respirazione

Senti il tuo respiro ancora una volta

Cerca di sentire il tuo ambiente

Prova a sentire i tuoi arti senza muoverli

Rilassati

Siediti per qualche istante con gli occhi chiusi

Ora, puoi aprire gli occhi ogni volta che vuoi

Guarigione del chakra del terzo occhio

Modifiche allo stile di vita per la guarigione e il bilanciamento del chakra del terzo occhio

Pratica esercizi di equilibrio cerebrale

Dovrete continuare a titillare il vostro cervello per dare un buon esercizio a questo chakra. Le vostre capacità cognitive dovrebbero essere forti se volete gestire correttamente questo chakra, e gli esercizi di bilanciamento del cervello possono aiutarvi in questo. Prestate la giusta attenzione al vostro cervello destro e sinistro e fate giochi che vi sfidano intellettualmente.

Estendi il tuo livello di percezione

Questo è un chakra del potere illimitato della percezione. Non ci possono essere limiti alle cose che questa mente può immaginare. Tuttavia, come la vostra immaginazione, anche la vostra percezione dovrebbe essere ampia. Questa è un'abilità che dovrebbe essere sviluppata lentamente con la pratica. Provate a sentire le cose intorno a voi. Provate a sentire le energie intorno a voi. Cercate di limitare i pensieri negativi e pensate a tutte le cose positive che potrebbero avvenire. Più ampio sarà il vostro potere di percezione, più facile diventerà per voi gestire le energie a questo livello.

Rafforzare il chakra della radice

Uno dei maggiori problemi di questo chakra è la paura. Questo chakra può portare con sé paure inimmaginabili. L'allucinazione e la paranoia attanagliano facilmente le persone. Se non siete ben radicati nella realtà, potete facilmente perdere l'equilibrio e inciampare in un pozzo senza fondo di paura e paranoia. Il chakra della radice può aiutarvi a rimanere radicati nella realtà. Vi fornisce anche una forte base spirituale. Per rimanere al sicuro a questo livello, è importante avere un forte chakra della radice. Il chakra del terzo occhio può anche farvi perdere il senso del tempo e del luogo. Attenua la distinzione di queste cose. Il chakra della radice è anche importante per tenervi incollati al tempo presente.

Fermare il pensiero negativo

Non pensare a cose negative. Questo chakra può moltiplicare qualsiasi cosa che pensate più volte. Quindi, se c'è la dolcezza dell'emozione mentre lavorate su questo chakra, le cose che possono essere moltiplicate saranno positive, e quindi avrete un'esperienza positiva. Tuttavia, se avete cose negative nella vostra mente e queste si impigliano nel lavoro del chakra del terzo occhio, può essere un'esperienza davvero spaventosa per voi. Anche l'esperienza delle energie nell'ambiente circostante può lasciarvi davvero spaventati. A questo punto, tutto ciò che conta è il modo in cui pensate e il modo in cui guidate la vostra percezione.

Non avere influenze negative

Qualsiasi cosa negativa a questo livello dovrebbe essere evitata completamente. Non dovreste nemmeno pensare ai vostri nemici. Meglio, non dovreste proprio avere nemici. Anche se hai qualcuno contro cui provi rancore o che pensi come un nemico, la tua mente può far sì che quella persona si metta contro di te e che tu sia in una posizione di svantaggio. Il gioco all'inizio non è mai giusto a questo livello.

Smettere di fantasticare e sognare ad occhi aperti

Sognare ad occhi aperti e fantasticare dovrebbe essere scoraggiato poiché questo chakra può dare le ali per volare ai vostri sogni ma potrebbe non permettergli di atterrare mai più. Cercate di attenervi alla realtà il più possibile. Non lasciate che la vostra attenzione vaghi in giro.

Indigo

L'indaco è il colore di questo chakra. Indossare questo colore o tenere cose di questo colore può aiutare a mantenere il chakra del terzo occhio attivo ed energizzato.

Yoga per la guarigione e il bilanciamento del chakra del terzo occhio

Si otterrebbero i benefici dello yoga in questo chakra, ma non esiste uno yoga specifico per questo chakra.

Cristalli per la guarigione e il bilanciamento del chakra del terzo occhio

Lepidolite, sugilite, lapislazzuli, ametista, fluorite, tanzanite, clearquartz, zaffiro stella e cianite

Oli essenziali per la guarigione e il bilanciamento del chakra del terzo occhio

Incenso, lavanda e legno di sandalo

Guarigione del chakra della corona

Modifiche allo stile di vita per la guarigione e il bilanciamento del chakra della corona

Essere grati e riconoscenti

Questo chakra è il più difficile da attivare e raggiungere. Non c'è una strada dritta verso questo chakra e quindi potete solo sperare di trovare una via indiretta. Essere grati e riconoscenti abbassa il vostro carico di karma e vi rende leggeri. È uno dei modi che vengono consigliati in varie religioni per raggiungere la liberazione. Dovete attenervi a questo se volete mantenere basso il vostro karma e chiaro il cammino verso la liberazione. Questo atteggiamento aiuta a mantenere la coscienza pulita.

Impegnati in attività di beneficenza di qualsiasi tipo

Non c'è niente di meglio del lavoro di beneficenza per togliersi il peso del karma dallo stomaco. Non c'è bisogno di donare tutto il vostro denaro o la vostra casa in beneficenza, ma fate il più possibile per aiutare le persone in difficoltà. Diventate più spirituali per natura. Cercate di trovare il bene tra le persone che conoscete. Più sarete generosi nei vostri rapporti, più facile sarà per voi eliminare le restrizioni del karma.

Sii rispettoso degli anziani

Nella tradizione indù, le benedizioni degli anziani hanno un grande potere. Si crede che se siete rispettosi verso i vostri anziani e avete lavorato in buona fede, otterrete le loro benedizioni. Queste benedizioni possono aiutarvi a mantenere l'equilibrio delle energie in questo chakra.

Yoga per la guarigione e il bilanciamento del chakra della corona

- Headstand
- Shoulderstand

Cristalli per la guarigione e il bilanciamento del chakra della corona

Quarzo chiaro, labradorite, pietra di luna, selenite, ametista e topazio bianco

Conclusione

Grazie per essere arrivato fino alla fine di questo libro, speriamo che sia stato informativo e in grado di fornirti tutti gli strumenti necessari per raggiungere i tuoi obiettivi, qualunque essi siano.

Il concetto di chakra è sorprendente, e fornisce grande chiarezza sulle cose che accadono nella vita e di cui non siamo in grado di individuare le ragioni.

Questo libro ha cercato di spiegare in dettaglio il concetto di chakra e i modi in cui esso influisce realmente sulla nostra vita.

L'enfasi di questo libro è stata quella di spiegare che possiamo davvero non avere alcun controllo reale sulle cose che accadono nella vita, ma possiamo diventare proattivi attraverso i metodi dati in questo libro e tenere il comando della nostra vita nonostante tutte le probabilità.

Puoi anche ottenere tutti i benefici del processo seguendo i semplici passi dati nel libro. Spero che questo libro sia davvero in grado di aiutarti a raggiungere i tuoi obiettivi.

Infine, se hai trovato questo libro utile in qualche modo, una recensione su Amazon è sempre apprezzata!

www.ingramcontent.com/pod-product-compliance
Lightning Source LLC
Chambersburg PA
CBHW071438080526
44587CB00014B/1899